两栖作战环境分析

柯泽贤　唐少华　周坤芳　刘晓静　编著

国防工业出版社

·北京·

内 容 简 介

本书以两栖作战环境为研究对象，以两栖作战环境分析能力提升为主线，对目前两栖作战环境分析的理论和方法进行了系统介绍。全书阐述了两栖作战环境分析的概念和任务，全面总结了两栖作战环境的要素及其影响，深入探讨了两栖作战环境的战术效力分析和分析的方法与技术，并以塔拉瓦战役作战环境分析作为示例。全书既有两栖作战环境的宏观理论，也有具体环境要素的微观分析。

本书具有较强的针对性、创新性和实用性，可作为两栖作战专业教学和科研人员的参考用书，也可作为相关专业的高年级本科生和研究生教材使用。

图书在版编目（CIP）数据

两栖作战环境分析／柯泽贤等编著．－－北京：国防工业出版社，2024.9．－－ISBN 978-7-118-13213-7

Ⅰ．E813

中国国家版本馆 CIP 数据核字第 20240JU862 号

※

国防工业出版社 出版发行
（北京市海淀区紫竹院南路23号　邮政编码100048）
北京凌奇印刷有限责任公司印刷
新华书店经销

*

开本 710×1000　1/16　印张 13½　字数 214 千字
2024 年 9 月第 1 版第 1 次印刷　印数 1—1200 册　定价 88.00 元

（本书如有印装错误，我社负责调换）

国防书店：（010）88540777　　书店传真：（010）88540776
发行业务：（010）88540717　　发行传真：（010）88540762

前　言

战场环境不仅是进行战斗的依托和舞台，同时也是战术运用的客观条件和依据，是决定战斗胜负的重要因素。中国古代军事家孙武早在2000多年前就指出"知天知地，胜乃无穷"。以往战争中，凭借战场有利环境，劣势装备一方战胜优势装备一方的战例屡见不鲜；不善于利用战场环境，或者因为不适应恶劣的战场环境而致败的例子也不胜枚举。战场环境不仅能对战斗进程起到加速或延缓作用，而且还对战斗结局产生重要影响。

作战环境分析就是分析研究战场环境，并为趋利避害、合理利用战场环境提供理论和技术方法。与其他作战样式相比，两栖作战受环境影响更为显著。两栖作战横跨海洋、陆地和低空三种地理单元，地理空间跨度大、涉及环境要素多、指挥协同复杂。海岸带是两栖作战的主战场，其影响因素除地形外，水文、气象要素也影响复杂，如风、潮汐、海流、海浪等。纵观国内，尚未有系统研究两栖作战环境分析的专著或教材。

本书的编撰体系更多地借鉴了军事地形学的思想，是军事地形学的延伸和拓展，提出了很多新的概念，同时也借鉴了许多前人研究的成果，在此，作者也向借鉴过的学者们卓有成效的研究致以敬意。

囿于作者水平有限，编写时间仓促，书中疏漏之处在所难免，敬请读者批评指正。

作者
2023年12月

目录

第一章 概述 ··· 1
 第一节 两栖作战环境分析的概念及目的 ····················· 1
  一、两栖作战环境分析的概念 ································· 1
  二、两栖作战环境分析的目的及意义 ························· 8
 第二节 两栖作战环境分析的基本原则 ····························· 9
  一、与敌情、我情、作战行动及装备相结合原则 ··········· 10
  二、定性和定量分析相结合原则 ······························ 11
  三、综合分析原则 ··· 11
  四、相对性原则 ·· 13
  五、抓主要影响因素原则 ······································· 14
 第三节 两栖作战环境分析的基本方法 ··························· 15
  一、环境要素分析法 ·· 15
  二、区域分析法 ··· 18
  三、面向任务分析法 ·· 19
  四、定性分析法 ··· 20
  五、定量分析法 ··· 21
第二章 两栖作战环境要素及其影响 ································· 24
 第一节 要素类别 ·· 24
  一、按性质分类 ··· 24
  二、其他分类方法 ··· 25
 第二节 海岸带地貌要素及其影响 ································· 26
  一、海岸带 ··· 26
  二、海岸类型（海岸性质） ···································· 29
  三、海滩 ·· 36

四、海岸沉积物 ………………………………………… 39
　　五、水下岸坡 …………………………………………… 40
第三节　浅近纵深地形要素及其影响 ……………………… 41
　　一、地貌 ………………………………………………… 41
　　二、地质（土壤）……………………………………… 42
　　三、居民地 ……………………………………………… 44
　　四、道路 ………………………………………………… 46
　　五、陆地水系 …………………………………………… 47
　　六、植被 ………………………………………………… 48
第四节　近海水文要素及其影响 …………………………… 49
　　一、海水温盐密 ………………………………………… 49
　　二、水深及浅海障碍物 ………………………………… 50
　　三、潮汐 ………………………………………………… 52
　　四、潮流和海流 ………………………………………… 54
　　五、海浪 ………………………………………………… 56
　　六、水色和透明度 ……………………………………… 60
　　七、海发光 ……………………………………………… 61
第五节　气象要素及其影响 ………………………………… 62
　　一、风 …………………………………………………… 62
　　二、能见度 ……………………………………………… 66
　　三、低云量 ……………………………………………… 68
　　四、温度和湿度 ………………………………………… 69
　　五、昼夜 ………………………………………………… 70
　　六、灾害天气 …………………………………………… 71
第六节　战场网络电磁环境要素及其影响 ………………… 72
　　一、战场网络电磁环境的概念 ………………………… 72
　　二、战场网络电磁环境的构成 ………………………… 72
　　三、网络电磁环境对登陆作战的影响 ………………… 74
第三章　两栖作战环境战术效力分析 ………………………… 76
第一节　两栖作战环境战术效力概念 ……………………… 76
　　一、两栖作战环境战术效力的定义 …………………… 76

二、两栖作战环境战术效力的内涵 …………………… 77
　　三、两栖作战环境战术效力分析的内容 ………………… 80
第二节　陆上机动作战环境分析 …………………………… 81
　　一、沿道路机动分析 ……………………………………… 82
　　二、越野机动分析 ………………………………………… 89
第三节　海上机动作战环境分析 …………………………… 95
　　一、主要影响环境因素 …………………………………… 95
　　二、环境要素战术效力分析 ……………………………… 95
第四节　直升机低空突防作战环境分析 …………………… 97
　　一、航线对相关地形的要求 ……………………………… 97
　　二、着陆地域应具有的地形条件与战术要求 ………… 100
第五节　观察与射击、隐蔽作战环境分析 ………………… 102
　　一、观察作战环境分析 …………………………………… 102
　　二、射击作战环境分析 …………………………………… 105
　　三、隐蔽作战环境分析 …………………………………… 112
第六节　指挥观察所、炮兵阵地选择作战环境分析 …… 113
　　一、观察所应具有的作战环境条件 ……………………… 114
　　二、观察所的选择 ………………………………………… 115
　　三、指挥所的选择 ………………………………………… 116
　　四、炮兵阵地应满足的作战环境条件 …………………… 117
　　五、炮兵阵地的选择 ……………………………………… 119
第七节　浅近纵深作战环境分析 …………………………… 121
　　一、分析内容 ……………………………………………… 121
　　二、接近路分析 …………………………………………… 125
　　三、要点分析 ……………………………………………… 131
第四章　两栖作战环境分析技术手段 …………………………… 137
第一节　地形图图上分析 …………………………………… 137
　　一、基本量算 ……………………………………………… 138
　　二、地貌分析 ……………………………………………… 139
　　三、道路分析 ……………………………………………… 144
　　四、水系分析 ……………………………………………… 146

五、植被分析 ··· 148
　　六、居民地分析 ······································· 149
　　七、土质分析 ··· 151
第二节　海图图上分析 ······································ 152
　　一、基本量算 ··· 152
　　二、海岸性质分析 ····································· 153
　　三、海岸地貌分析 ····································· 155
　　四、潮汐分析 ··· 156
　　五、海底地貌分析 ····································· 160
　　六、近岸海区碍航物分析 ······························· 161
第三节　遥感图像判读分析 ·································· 163
　　一、障碍物的判读分析 ································· 163
　　二、堑壕、步兵火器掩体、交通壕及前沿阵地的判读分析 ··· 165
　　三、坦克、自行火炮及其掩体的判读分析 ················· 168
　　四、观察所、指挥所的判读分析 ························· 169
第四节　计算机辅助分析 ···································· 170
　　一、计算机辅助分析的概念及应用范围 ··················· 170
　　二、量算及查询分析 ··································· 170
　　三、叠加及网络分析 ··································· 173
　　四、选址分析 ··· 178
　　五、数据插值 ··· 179
第五节　分析专题图制作 ···································· 181
　　一、越野运动图的编制 ································· 182
　　二、交通线路图的编制 ································· 184
　　三、进入地带图的编制 ································· 185
　　四、掩蔽和隐蔽图的编制 ······························· 186
　　五、射击观测和射界图的编制 ··························· 187
第五章　塔拉瓦登陆战役作战环境分析 ························ 188
　第一节　作战背景 ·· 188
　第二节　双方战斗准备和兵力部署 ·························· 189
　　一、日军战斗准备和兵力部署 ··························· 189

二、美军战斗准备和兵力部署 …………………………………… 191
　第三节　作战经过 ……………………………………………………… 193
　　一、航渡 …………………………………………………………… 193
　　二、展开（换乘）、火力准备 …………………………………… 194
　　三、扫雷 …………………………………………………………… 194
　　四、冲击上陆 ……………………………………………………… 194
　　五、夺占其他岛屿 ………………………………………………… 196
　第四节　塔拉瓦登陆战役作战环境分析的剖析 …………………… 196
　　一、对珊瑚岛礁进攻作战的问题 ………………………………… 196
　　二、珊瑚岛礁抗登陆防御作战的两个问题 ……………………… 199
参考文献 ……………………………………………………………… 202

第一章 概 述

本章主要介绍两栖作战环境的概念、内涵及外延，阐述两栖作战环境与战场环境、军事地理、军事海洋水文环境、军事地形以及美军作战环境概念的异同，总结两栖作战环境分析的目的和意义，介绍两栖作战环境分析的内容、基本原则和基本方法。

第一节 两栖作战环境分析的概念及目的

作战环境分析起源于军事地理，是军事地形分析、军事水文分析、军事气象分析的延伸和拓展。其任务是为作战组织筹划阶段的定下决心、制订方案提供重要决策依据，即辅助决策。

一、两栖作战环境分析的概念

(一) 作战环境的概念

作战环境是指与作战活动相适应的外部空间，或者客观条件的综合体。其包括作战空间及其中的要素和状态，涵盖作战区以及关注区内的空中、陆地、海洋以及太空；地理、地形、气象、水文、信息环境、核生化环境和军事目标等要素。

作战环境是军事学学科中二级学科——作战指挥学中的一个研究方向，从其学科专业定位来看，作战环境学是为作战指挥服务的，具体来说，就是为作战指挥决策提供参考依据。作战环境学起源很早，著名军事家孙武在《孙子兵法》中对军事与地理、气象的论述，是该学科初创时的代表作。《孙子兵法》论述了天、地的军事意义，认为"地者，高下、远近、险易、广狭、死生也"，"天"即"阴阳、寒暑、时制"，"知天知地，胜乃不穷"。他把自然因素、人文因素和军事因素结合起来分析，主张从"道、天、地、将、法"

五个方面去研究战争；他结合作战中可能出现的敌我态势，综合地把战场地理条件划分为散、轻、争、交、衢、重、圮、围、死九种情况，并以"计险厄远近"为主旨，划分了通、挂、支、隘、险、远六种地形类型，提出了相应的作战方法和处置要领；兵书《百战奇法》论述了"天战""风战""雪战""水战""地战""山战"等不同地形、气象、水文条件下的作战方法。官修的《武经总要》，许洞的《虎钤经》，吴若、陈克的《东南防守利便》等，都论述了军事地理等方面的问题。克劳塞维茨在《战争论》中把地理因素列为战略的五个要素之一。这一时期，关于作战环境的关注点主要在于地理、地形。

进入19世纪后，随着地理科学、测绘科学、大气科学、水文科学的发展，逐步建立了军事地理学、军事地形学、军事海洋学、军事气象学、军事水文学、军事测绘学等，构成了一个以军事活动环境为主要研究对象的学科群。这些均极大地丰富和细化了作战环境的研究领域和方向，形成了系统的研究理论和方法。

随着联合作战体系、信息化战争理论的发展，作战方式朝着局部、高强度、高效率、体系化方向发展，以上这种专而精、分门别类的学科体系已经不能适合未来战争的需要，正所谓分久必合，将地理、地形、水文、气象、海洋等环境作为一个整体进行研究成为趋势和必然，这就是现代作战环境学科的建立。

（二）作战环境与战场环境、军事地理等的区别

1. 与战场环境的区别

战场环境的定义是：战场及其周围对作战活动有影响的各种情况和条件的统称。其包括地形、气象、水文等自然条件，人口、民族、交通、建筑物、生产、社会等人文条件，国防工程构筑、作战设施建设、作战物资储备等战场建设情况，以及信息、网络和电磁状况等。《中国人民解放军军语》（以下简称《军语》）中没有作战环境的定义，但是作战环境在军事学学科体系中又有明确的定位，这是导致"作战环境"与"战场环境"两个名词混淆使用的直接原因。

从《军语》中关于战场环境的定义可看出，其主体部分如下。

(1) 自然环境：包括地形、天候、气象水文等。

(2) 社会环境：包括军事与民用目标，宗教场所以及僧尼、各类神职人员分布，民众政治态度，交通设施，可供利用的资源等。

（3）电磁环境：包括敌我双方作战部署的各种电子设备、作战区域内民用电子设备和自然界的电磁辐射。

"三情分析"中使用的是"战场环境"定义，包括：①可能遂行任务区域的地理、水文气象、电磁环境特点和变化规律；②可能遂行任务区域的港湾、岸滩、码头情况；③可能遂行任务区域可供利用的作战资源情况，对比《军语》定义，少了人文地理环境的内容。

从定义上来看，"作战环境"与"战场环境"有很多相同点，其主体都包含了地形、气象、水文、信息等要素，不同点也很明显，"作战环境"包含了"作战空间""地理要素""核生化环境要素""目标要素"等，而"战场环境"多了"国防工程构筑""作战设施建设""作战物资储备"等战场建设内容，同时明确提出了"人口、民族、社会"等人文地理内容。从内涵来看，"战场环境"更侧重要素本身，突出了战场建设、作战资源、人文地理等方面的内容，其本质是体现战场的客观情况，包括自然的、人文的，更多的是战役甚至战略层面。"作战环境"更侧重要素对作战行动、武器装备的影响，突出自然要素对作战行动的影响，更多的是战术层面。

从以上分析可知，侧重战术层面、强调环境要素对作战行动、武器装备影响，为指挥员定下作战决心提供环境数据支持时，使用"作战环境"为宜，如"三情分析"中的战场环境分析改为作战环境分析更为合适。侧重战役层面，强调战场建设、作战资源、人文环境时使用"战场环境"为宜。

2. 与军事地理的区别

军事地理是军事活动赖以存在并能给军事活动以影响的自然地理和人文地理的统称。其包括与军事活动相关的地貌、水文、植被、气候、土壤及资源、工农业生产、交通、人口、民族、城镇等要素。

军事地理学在不同历史时期、不同国家称呼不一。我国古代与之相应的用语有"地利""地机""形胜"等词，近代则有"武事地理""兵要地势""兵要地理"等称谓。现代世界各国又称之为国防地理学、战争地理学、军事地缘政治学等。军事地理学既是军事科学的一个组成部分，又是地理科学的一个分支。

军事地理学是作战环境学的起源。其主要探索地理环境影响军事活动和军事上利用、改造地理环境规律的理论和方法，如北魏郦道元的《水经注》以水道为主线，详细记述了其所经地区的山陵、城邑、关津的地理情况，列举了大小战斗数百例。唐时的《元和郡县图志》，宋时的《太平寰宇记》都大量记述了用兵与地理的关系。清初顾炎武的《天下郡国利病书》对当时的地理形势、水利、粮额、屯田、设官、边防、关隘都作了详细论述，特别偏重于经济和军事形势概论。明末清初顾祖禹的《读史方舆纪要》，以明代国土疆域变迁的史实为背景，详细论述了中国历代各要塞地域的历史沿革和地理形势对用兵的影响。

军事地理学研究的重点，以影响当前军事行动或对战争有潜在作用的诸因素为主，如国家的军事实力以及国家的基本力量和工具——领土、领海、居民、经济、资源、国家机构和法令等。地理环境分为自然地理环境和人文地理环境。自然地理环境是由岩石、地貌、土壤、水、气候、生物等自然要素构成的综合体。自然要素与军事活动之间的关系是军事地质、军事地形、军事土壤、军事水文、军事气候和军事生态的研究对象，构成了军事地理学军事自然地理方面的分支学科。人文地理环境包括工业、农业、交通、城市、人口、国家、社会、民族、语言、文化等要素。其中工业、农业、交通和城市等因素与军事活动之间的关系是军事经济地理、军事交通地理和城市军事地理的研究对象。人口、社会、国家、民族、语言、文化等因素与军事活动之间的关系是军事人口地理和地缘政治的研究对象。人文环境与军事活动之间的关系构成了军事地理学军事人文地理方面的分支学科。自然和人文这两种地理环境之间在地域与结构上互相重叠、相互联系，从而构成了统一的地理环境。研究统一的地理环境与战略、军事后勤、海军和空军之间的关系则分别是战略地理学、军事后勤地理学、海军地理学和空军地理学的研究对象。研究历史时期地理环境对军事活动的影响则是历史军事地理学的研究对象。

军事地理以地理要素为基本研究对象，在研究的广度上，可由局部地区扩大到一个国家、国家集团，甚至整个世界的广阔领域；在对地理环境的研究上，可侧重于自然地理，还可侧重于人文地理，也可侧重于地理环境诸因素对军事行动的综合性影响；在对地域的划分上，可侧重于陆地，还可侧重于海洋，也可侧重于空间。

与作战环境相比较，军事地理主要研究地理位置、战略地位、自然条件(地形、水系、土壤、植被和气候等)、经济条件、政治因素、交通运输、军事要地等，在综合分析上述地理因素的基础上，得出对国防建设和军事行动可能产生影响的结论，如本地区的战略地位和作用，可能的战役方向，自然地理特征对主要军事行动的影响以及实施军事行动时应注意的问题等。从要素上来看，作战环境研究的要素更多（包括了地理、水文、气象等）；从广度上来看，军事地理更为广泛，涉及自然、人文、政治、交通等，军事地理更侧重于战役甚至战略级别。从某种程度上来说，军事地理与战场环境类似。

3. 与军事地形的区别

军事地形学是研究地形特征及其对作战行动影响规律的学科。其包括军事地形学的基础理论和军用地图的识别与使用、卫星导航定位、遥感图像、地形模型、地形分析、军事标图等方面的理论和方法[①]。

军事地形学是从军事需要出发，研究识别和利用地形的一门应用学科。其主要任务是以地形为主要研究对象，以武器装备的战术技术性能以及由此决定的作战理论与作战方式为依据，研究地形对军事行动的影响和制约的因素与方式，并通过实验与实践分析，揭示其客观规律，从而构成研究地形的基本理论。通过战例分析与演习，研究地形对作战诸层次、诸环节的影响方式与内容，提出评价战场地形对遂行作战任务所具有的利弊条件、军事价值以及可利用程度的具体方法与内涵，为军事行动与实际地形的紧密结合提供依据，以达到能动地为军事服务的目的，从而形成地形分析的应用理论；为实施地形研究和利用，还必须掌握对各种地形资料的识别方法和使用技术，并研究相应的分析手段，确定分析结论的最终样式。由此构成军事地形学的全部内容[②]。

军事地形学脱胎于军事地理学，两者既有联系又有区别，军事地形学主要研究地形对作战行动的影响以及如何识别和利用地形，它直接为战术服务，也为研究军事地理提供对地物、地貌方面的正确评估。军事地理学研究的内容和范围较军事地形更宏观，它着眼于战略指导的需要，在对地理环境作出正确判断的基础上，使战略、战役和战术有机地联系起来。因此可以说，军事地形是军事地理在战术层面的子集，但更详细、更有针对性、和作战行动的结合更加紧密。两者之间的区别类似于作战环境与战场环境的区别，本书作战环境分析的许多思想、方法都来源于军事地形学，是军事地形学的拓展和补充。

---

① 全军军事术语管理委员会，军事科学院. 中国人民解放军军语 [M]. 北京：军事科学出版社，2011.

② 张文诗. 军事地形学 [M]. 北京：解放军出版社，2012.

4. 与军事气象海洋的区别

军事海洋水文是影响军事活动的各种水文气象要素及与之有关的地理、气候等情况和条件的统称①。军事海洋水文环境主要研究海洋水文环境对军事活动影响的一般规律,以及实施海洋水文保障的理论、技术和方法。其内容主要包括：对指定水域、海区、大洋,以及海峡、水道、海湾进行海洋调查和军事海洋观测,收集资料,建立军用数据库;研究海洋水体的理化性质,海洋水文要素的时空分布和海水运动的发生、发展,海水与大气相互作用所产生的各种水文现象;研究军事活动与水文条件的相互关系,为武器装备、水下工程设施、舰船制造提供参数;研究军事海洋水文预报的理论与技术;军事海洋水文保障的理论和方法等。

与作战环境相比,军事海洋水文环境主要研究海洋水文环境要素,要素相对单一,研究内容侧重于水文环境的预报和保障方法。

(三) 与美军作战环境相关概念的区别

美军的作战环境概念比较特殊,其最大特点是将环境要素和情报看作一个整体,作战环境要素是情报的第一要素。2000年,美军参谋长联席会议颁布联合出版物 JP2 – 01.3《战斗空间联合情报准备的联合战术、技术和程序》(Joint Intelligence Preparation of the Battlespace, JIPB),以专门联合条令的形式正式阐述了战斗空间联合情报准备的目的、组织机构、职责、实施步骤、方法和产品,确立了正式的联合情报准备程序。该出版物中正式提出了"作战空间"(Battlespace) 的概念,即"成功应对作战力量,保护部队或完成任务而必须了解的各种环境、因素及条件。其包括陆、海、空、天、敌军及友军部队状况、基础设施、气候、地形、电磁频谱、作战关心地域的信息环境"。该定义与刘晓静提出的作战环境定义非常类似,可以看作美军对作战环境的最早定义。

2009年,美军颁布新版 JP2 – 01.3 出版物,更名为《作战环境联合情报准备》(Joint Intelligence Preparation of the Operational Environment, JIPOE),正式以作战环境 (Operational Environment) 的概念取代作战空间的概念。

无论是作战空间还是作战环境,美军都强调其可操作性,包含四个基本步

---

① 全军军事术语管理委员会,军事科学院. 中国人民解放军军语 [M]. 北京：军事科学出版社, 2011.

骤，每个步骤由数个子步骤组成，如图1-1所示。其内涵及涉及的层面如图1-2所示。

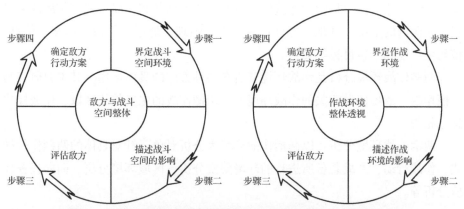

图1-1 美军作战空间情报准备与作战环境情报准备内容和步骤

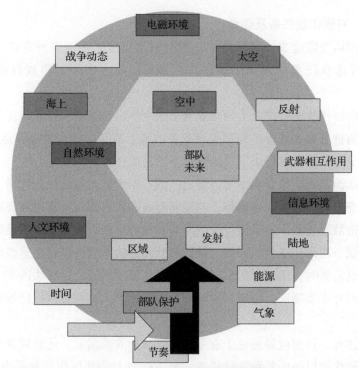

图1-2 美军作战环境的概念内涵

7

(四) 两栖作战环境分析的概念

两栖作战环境是与两栖作战活动、战场建设相适应的外部空间，或者客观条件的综合体。其包括两栖作战空间及其中要素和状态，涵盖两栖作战区域以及关注区内的空中、陆地、海洋以及太空；地理、地形、气象、水文、信息、核化生环境和军事目标等要素。

两栖作战环境分析是作战环境分析在兵种方向的具体运用。其主要研究与两栖作战、战场建设相关的作战环境，与两栖作战的主要作战区域、作战样式息息相关。

两栖作战环境分析：以两栖作战环境为分析对象，针对具体的两栖作战样式、作战行动、主战装备所进行的环境要素分析、区域环境分析、面向任务环境分析等。

二、两栖作战环境分析的目的及意义

(一) 两栖作战任务及使命

根据国内专家定义，两栖作战是指两栖作战编队采用多种方式，向沿岸（岛礁）投送登陆部队或从中撤离作战力量，以达成预定作战目的的军事行动。

美国两栖作战的依据是美国国家安全法令规定，其主要任务是：夺取和扼守海军的前进基地；进行与海军战役有关的海上战斗；担负海军基地的警戒；派遣舰上分遣队以及遂行美国总统所赋予的其他任务。

从历次演习和情报资料中可以看出，俄罗斯两栖作战的任务包括：进行登陆作战，夺占登陆场；夺取岛屿，控制邻近海峡和出海口；支援濒海地面部队作战；袭击敌岸重要军事设施；保卫海军基地港口和沿岸重要军事设施。

法国赋予两栖作战的任务是：保护海外领地的作战，包括在这些地区驻军守卫，情况需要时，迅速做出反应投送到需要保卫的领地；在法国本土之外实施登陆；对外军事援助，包括派遣军事顾问、技术人员和直接担任教官；参加联合国军。

除上述外，目前世界近百个有海军陆战队作战的国家，还分别赋予了两栖力量除登陆作战以外的各种特殊任务，如进行海上非常规作战和袭击（伊朗、芬兰等国）；海岸防御、内河巡逻（哥伦比亚、哥斯达黎加、罗马尼亚、土耳其等国）；内部防卫（秘鲁、智利、南非、西班牙等国）；打击海盗（印度尼西亚、菲律宾等国）；反恐怖分子（泰国）。

（二）分析目的及意义

从我国两栖作战任务来看，无论是进行两栖登陆作战、担负海岸及岛屿防御任务还是海外权益维护，其主要作战区域均位于海岸带。海岸带处于海、陆、天及海底交界地带，由于边界效应，其环境要素复杂多变。作战行动涉及地面、水上、水下和空中多个领域，由于海区范围广阔，海洋地理、水文气象等自然条件复杂，如海底地形、水深、风浪、潮汐、海流、岸滩底质以及阴晴雨雾等都极大地影响着部队的机动、火力的发扬等。潮汐、海流、水深以及明暗礁石、岸滩底质、坡度等又会对登陆地段和时间的选择、武器装备效能的发挥、两栖编队航渡队形的保持和航行的操纵及登陆兵抢滩上陆等作战行动带来很大影响。因此，两栖作战是受环境影响最大的作战样式之一。

实践证明：地形、气象、水文是影响登陆作战的主要因素，而气象、水文环境信息数据是海量级别的，决策者根据这些信息进行快速、准确的决策比较困难，只有当指挥员及其登陆部队能以敌人来不及做出反应的速度做出好的决策并落实决策时，信息优势才能有效地转化为决策优势，才能为两栖部队提供有竞争力的优势。因此，对影响两栖作战的战场环境资料进行分析，进而展开作战辅助决策，具有重大意义。

世界主要军事大国建立了完善的海洋战场环境辅助决策支持系统。例如美国海军的海洋战场环境保障服务系统的建设，已有半个多世纪的发展历史。目前，在两栖作战海洋环境分析乃至辅助决策系统建设方面，美军都处于世界领先地位。从研究内容来看，美国在20世纪50年代至60年代，主要着重于海洋水文、海洋气象的分析预报研究，以保障两栖作战的需要。美军针对海战环境研制的海军战术环境支持系统（Tactical Environmental Support System, TESS）已于1991年投入使用，各军种都有一套有针对性的作战环境情报处理流程，在分析的深度、广度和准确度上处于领先地位。

第二节 两栖作战环境分析的基本原则

在进行两栖作战环境分析时，必须遵循一定的原则，主要有与敌情、我情、作战行动及装备相结合原则；定性和定量分析相结合原则；综合分析原则；相对性原则和抓主要影响因素原则等。

一、与敌情、我情、作战行动及装备相结合原则

任何作战环境研究都要解决一定的作战问题,而且作战问题在研究中起主导作用,由它决定需要研究的环境因素和需要探讨的环境特点,只有这样才能找到与作战问题密切结合的作战环境规律和提供相应的作战环境保障,不然会出现单纯环境研究或与作战问题脱节的偏向。所以作战问题的主导作用是进行作战环境分析的一条指导性原则。

敌情,包括敌军作战编成、部署和企图,主要武器装备特别是高技术武器装备的性能和使用特点,作战能力、作战特点、作战准备程度等情况,是针对性地分析作战环境的着眼点。以地形分析为例,在敌必选的作战地形上,取地利于我,弃地弊于敌,加速敌我力量的消长转换,是研究地形的出发点和落脚点。

我情,包括作战编成、配置和任务,各部队的编制装备、军政素质、作战特长和作战准备情况,后勤保障、装备技术保障能力,友邻部队、民兵以及战场准备等情况。任务,规定了夺取或扼守的具体区域,它决定了作战环境分析的范围和重点,即重点研究本级任务地域,辅助研究友邻任务地域,以便协同作战。任务的性质,决定了作战环境分析的侧重点,不同性质的任务,对作战环境条件有不同的要求。编制装备、后勤保障能力等,是部署兵力的依据。

不同作战样式,作战环境分析的侧重点不同,因此,任务部队的作战环境分析人员应紧密围绕自己担负的作战任务进行作战环境分析,即作战环境分析的内容和结论应有很强的针对性。尤其是战斗级的作战环境分析更应如此,否则就失去了作战环境分析的意义。如何加强作战环境分析的针对性?就是要针对具体作战行动和装备来展开分析。例如在两栖作战中,两栖编队通常将所属兵力编组为不同的群队。虽然这些战术群都是围绕完成两栖作战这一共同的任务而编组的,但每个战术群担负的具体作战任务是不同的,也是明确的。例如登陆兵群的主要任务是抢滩登陆,建立登陆场,主要关心的是海岸性质、岸滩底质、潮汐、拍岸浪、沿岸流、岸后地形等情况,而不是海水温度、盐度、密度或其他情况。总而言之,不应分析与作战任务不相关的环境要素。

除了要有针对性,作战环境分析最重要的是不能搞形式主义,不要为作战环境分析而作战环境分析。不能出现作战环境分析是一套,作战决心又是另一

套，与作战环境分析毫不相干的情况。作战环境分析的结论应对指挥员正确运用兵力、定下作战决心有参考价值，这才是作战环境分析的意义所在。

二、定性和定量分析相结合原则

首先，作战环境分析的关键是分析和判断，而不是简单的环境资料堆积。其次，分析判断要有一套科学的方法。通常有定性分析方法和定量分析方法。这两种方法各有优缺点。因此，在两栖作战环境分析中，要尽量将这两种方法结合起来，综合运用，使它们互相补充，取长补短，才能得到科学和准确的结果。特别是在战术级的作战环境分析中，应采用定量分析方法计算环境要素的战术性能，根据装备技战术参数计算环境要素对其影响。这样的分析结论更为精准，也更有说服力。

应注意，由于定量分析是通过成熟的数学模型或公式进行计算的，只要细心不出现计算错误，通常就不会出现计算结果因人而异的情况。但定性分析却不同，相同的条件可能会得出不同甚至完全相反的结论，这取决于作战环境分析人员经验的多寡、逻辑思维能力的强弱以及逻辑推理方法的正确与否。因此，作战环境分析人员一是在平时应加强经验的积累和地图、分析软件等手段的训练；二是应注意发挥集体智慧在作战环境分析中的作用。

影响两栖作战的环境要素具有多样性和多维性，有些要素在分析时比较容易量化，如潮汐、海滩坡度，分析时可利用成熟的公式进行计算，有些要素则不太容易量化，如植被的分布、岸线的曲折程度，此时，应以定性分析为主，采用简洁、通俗易懂的语言对其性状进行描述。还有一些要素，分析时介于定性与定量之间，如能见度、拍岸浪，一方面，其主要性质可以量化，如能见度距离、拍岸浪的高度等；另一方面，除了要量化其性质特征，还要量化其位置特征，能见度的位置特征就不太容易量化，拍岸浪也是如此。

在众多环境要素中，具有面状特征的要素往往不太容易对其空间特征进行量化。而点状和线状特征要素量化较为方便，因此在作战环境分析时，定量和定性分析始终贯穿于分析全过程。

三、综合分析原则

环境要素对军事活动的影响是相关的、综合的，而不是单一的。例如，雨季降水增加导致河流、湖泊水量充沛，甚至发生洪水灾害；旱季降水稀少，河流干涸，不利于通航，但利于徒涉；山地中的隘口、谷地一般是交通线的瓶颈和脆弱地段，反映了地貌与交通线的相互关系。

在给定的区域内，各种作战环境情况和事件，以及各种因素是处于相互作用的状态，这种相互作用主要表现为作战问题与作战环境，以及作战环境中诸因素之间的相互作用。其作用结果表现为作战环境的综合效应和综合效果。这种相互作用的综合效果具有一定的规律，其规律就是综合效应。主要表现为下述三点：

（1）在作战问题与作战环境的相互作用中，作战问题处于环境的依赖地位，表现为依赖性；作战环境则处于对作战问题的制约地位，表现为制约性。为此，作战环境学研究其相应的依赖和制约的机制，进而确定其依赖和制约的程度。

（2）在给定的作战环境中，单一环境要素对作战问题的制约作用受到其他环境因素的作用和影响，结果是使其制约作用增强或减弱，甚至发生性质上的变化。

（3）作战环境对作战问题所产生的制约作用，是作战环境针对相应作战问题的综合作用结果。也就是说，是环境中诸因素在作为环境整体组成部分的情况下对作战问题产生的综合效应，这种综合效应是环境中各因素加权作用的总和，而不是各因素作用的简单代数和。

对单要素进行分析是进行作战环境分析的基本手段和方法，如分析道路对机动的影响，但在具体作战任务分析中，单要素分析往往不能满足要求，更多的是分析多种要素，如在机动作战问题中，除道路要素外，植被、水系、地貌、居民地、土壤等均会对机动产生影响，必须全面考虑所有重要的影响要素，如在金门登陆战役中，由于没有仔细考虑潮汐要素，在高潮后登陆，导致一系列严重后果，成为导致金门登陆战役失败的重要因素。另外，在分析时，各要素往往不是独立作用的，很多要素是相互影响、相互制约的，如在海上机动问题中，影响要素有海浪、风力、能见度、水深等，其中海浪和风力、能见度都是相互影响的，我们在分析时，要综合考虑其影响。环境要素对作战行动综合影响的最直接表征，体现为不同景观类型的影响。例如，沙漠景观区要注意防沙尘、防高温、保护水源等问题；山岳丛林景观区要解决通视、防潮、防霉、防皮肤病的问题，要重视影响通行、通视等的不利因素。

除综合全面考虑重要要素以外，综合分析的另一层含义是综合分析环境要素对作战行动各方面的影响。环境要素对作战行动和武器装备的影响是全方位的，应全面系统地进行分析，仍以陆上机动为例，影响方面包括机动速度、机动方式、机动工具的选择、宿营地、调整点、休息点等的选择等。

高技术战争中的作战行动可能全方位展开，在意想不到的时间和地点遂行作战任务是经常发生的，战场范围相当广阔，过去重点保障前方，现在已没有明显的前后方界线。因此，作战环境分析要从整体出发，从联合作战的角度研究环境要素，既分析环境要素对每一军兵种作战的影响，又要从诸军兵种联合作战的角度，综合分析是否有利于整体战斗力的形成；既要搞好单要素分析，又要从各要素相互关联的角度，充分考虑其他环境因素的影响，从整体上进行分析。

四、相对性原则

一切军事活动和事件，都是在一定的作战环境中进行的，作战环境对军事活动及事件有较大影响，即产生有利和有弊的各种作用。当作战环境中对军事活动有利因素起主导作用时，就会削弱或抵消有害因素的影响，则为有利的作战环境，反之则为有害的作战环境。进行军事行动时，必须要考虑这种利与弊的关系，要趋利避害，这就是利弊关系原则。

趋利避害是作战环境分析的主要目的之一，如古代作战中，营地要建在有水源的、地势较高的地域，这就是典型的趋利避害。各种环境要素对军事活动及事件产生的若干影响，利与弊共存于同一地理环境之中。作战环境及其组成的各要素是客观存在的，其本身并没有利与害的内涵，但只要与具体的军事活动及事件结合就会产生利与弊的效果。同一种作战环境要素，对敌我双方的同一种军事行动的利与弊是均等的，但敌我关系变化及军事行动的微小差异，所产生的利与弊和综合效果是不同的，这就使作战环境的利与弊具有均等性和相对性，同时具有时效性。

因此，我们在分析作战环境时，既要考虑有利的一面，也要考虑不利的一面，同时要考虑利与弊的变化，即随着时间的变化，有利的条件也可能变为不利的条件，反之不利的条件也可能变成有利的条件。这里有两层含义：其一是要素本身随时间变化导致的利弊变化，如潮汐，高潮时有利于登陆，低潮时不利于登陆；其二是外部客观条件的变化导致的利弊变化，如平缓的海滩坡度有利于上陆力量，但在后续波次登陆舰艇抵滩卸载时则变为不利因素。

需要指出的是，用兵之道，贵在奇正结合，指挥员有时会利用对手的麻痹思想，在不利的作战环境下进行作战行动，如仁川登陆作战，就是选择在一个非常不利于登陆的地点登陆。此外，利用对手作战环境分析资料欠缺的漏洞，抓住不利作战环境中短暂的或有限区域的有利条件，也能达到奇袭的目的，如诺曼底登陆战役登陆时间的选择、清政府收复澎湖航线的选择，均是利用这一点达成了战役目的。

五、抓主要影响因素原则

作战环境包含许多因素，其中只有一部分或少数是起主导作用的，只有抓住这种主导性因素的作用和特点，才能抓住解决具体作战问题的关键，如果不首先确定和分析这些主导性因素，就会主次不分或者主次颠倒，其结果只能是事倍功半。同样，作战环境的特点是多方向的，而对于具体作战问题来说，有些环境特点的作用效果甚微，甚至可以忽略；相反，另一些环境特点的作用却起决定作用，是制约作用的集中表现，处于主导地位。因此，能否抓住主导性环境特点就成为能否正确解决作战问题的另一个关键。军事活动对作战环境分析有明确的规定和限制，这一点说明作战环境对军事活动的作用是有所侧重的，不是所有的环境要素都对军事活动有影响，而是针对具体的军事活动，研究那些与军事活动密切相关，一般相关或不相关的环境要素则不分析或少分析。

选择主要影响因素，一方面，可以凭分析人员的经验和专业知识来人工选择，如在确定登陆点的分析时，主要的影响因素可选为潮汐、海岸性质、海滩坡度、沿岸流、岸线形状、岸后地形、海滩底质、拍岸浪，而能见度、近岸海区形状、人工设施等则为次要因素；另一方面，可以借助数学模型进行选择，如利用主成分分析法选择主要环境因素。

另外，作战环境分析结论的表述应简明扼要，切忌八股文风和长篇大论。虽然分析的过程可能较复杂，而且要进行大量的数学计算，甚至计算机的模拟仿真，但结论通常只写是什么，而不写为什么。分析的过程可以略写，甚至不写。同时，还要注意文字表述的严密性和逻辑性。

从以上要求可以看出，作战环境分析这一复杂的思维活动对作战环境分析人员的基本素质有较高要求。因为作战环境分析实际上是一种知识到能力转化的过程，因此不仅要求作战环境分析人员有军兵种的专业知识、军事逻辑学知识和应用数学知识等，而且还应有分析、判断、归纳和计算的能力，最好还要有一些经验。

第三节 两栖作战环境分析的基本方法

两栖作战环境分析的基本方法是指作战环境分析时，在宏观层面所采用的基本组织形式，主要包括环境要素分析法、区域分析法、面向任务分析法、定性分析法及定量分析法等。

一、环境要素分析法

（一）环境要素分析法原理

环境要素分析法是作战环境分析的基本方法，作战环境是由作战空间及其中的要素和状态构成的，以环境要素为基本单元和分析对象，就是环境要素分析法。

环境要素也称为地理实体和地理现象（来源于军事地理学），地理实体是指物质占据一定空间的地理实物，如山地、河流、海洋、道路、街区等。地理现象是指自然界中与地理实体有关的非人为因素出现的现象，如日出、日落、气温变化等。

本书将地理实体和地理现象统一称为环境要素，如道路、潮汐、海岸、潮间带、能见度等。研究作战环境对军事活动的影响，首先要从认识环境要素的空间位置及其属性入手。属性是事物本身具有的客观特性。

研究环境要素的空间位置和属性以及对作战行动与武器装备的影响，就是作战环境中的环境要素分析法。该方法是进行作战环境分析的主要方法，属性包括性质、时间特性、数量特征等。

环境要素分析也称为作战环境基本作战性能分析[1]。

（二）基本方法

环境要素分析的基本方法是找出该要素对作战行动的一般影响规律，如地貌要素分析，包括地貌要素对越野机动的影响，此时要分析地貌的坡度、切割度；分析对观察的影响时要计算两点通视情况以及区域通视情况。分析过程中应结合定量分析与定性分析来展开。

分析时，要注意环境要素和要素的属性的界定。环境要素是实体或者现

---

[1] 详见第三章。

象，如道路要素是一种地理实体，潮汐要素是一种自然现象，它们均是环境要素，而高潮高则是潮汐要素的一种属性，不能称为环境要素。再如海滩坡度，它是一种环境要素还是要素的属性呢？从定义来看，海滩坡度是海岸地貌的一种属性，它有具体的含义和数量值，因此应为"海岸地貌"这一环境要素的一种属性值，其他属性还包括海滩的长度和宽度等。

某些要素在空间上具有较大范围，如海岸，但在两栖作战环境分析时，可以将其视为线状要素，重点关注其海岸性质、海岸形状，类似于道路要素。

要素的性质或分类要根据分析层次来进行，如地貌要素，在战术层面上，主要分析切割度、高差等，而在战略层面上，则主要分析其景观属性，如平原、丘陵、山地等，如表1-1所示，战役层面则主要分析其主脊走势、山谷山背、瞰制作用等。

表1-1 地貌属性

	综合（居民地、道路、水系、植被、土质）		居民地（含道路）	水系	植被	土质
平原	平原地形	低平原（海拔<900m）	平原密集居民地地形	平原水网地形沼泽地形	草原地形	沙漠戈壁地形
		中平原（900~3500m）				
		高平原（3500~5000m）				
丘陵	丘陵地形	低丘陵（海拔<900m）	丘陵密集居民地地形	海岸带地形①	丘陵地形（丘陵密林）	黄土丘陵地形石灰岩丘陵地形沙漠丘陵地形
		中丘陵（900~3500m）				
		高丘陵（3500~5000m）				

---

① 海岸带地形出现在低平原和低丘陵地形上。

续表

综合（居民地、道路、水系、植被、土质）		居民地（含道路）	水系	植被	土质
山地	山地地形	低山地（<900m）		山林地形	
		中山地（900~3500m）			
		高山地（3500~5000m）			
		极高山（5000m以上）			

环境要素分析法可以按照单要素分析，也可以综合多要素整体分析，目前，运用较多的是要素叠加分析。

（三）环境要素的叠加分析

叠加分析来源于地理信息系统（Geographic Information System，GIS），是一种将多个要素在同一个网格上叠置在一起后，按照某种数学模型取值的方法，最简单的取值模型是二值逻辑叠加模型，逻辑操作类型包括与、或、非、异或。

叠加分析是GIS最常用的提取空间隐含信息的手段之一。该方法源于传统的透明材料叠加，即将来自不同的数据源的图纸绘于透明纸上，在透光桌上将其叠放在一起，然后用笔勾出感兴趣的部分——提取出感兴趣的信息。GIS的叠加分析是将有关主题层组成的数据层面，进行叠加产生一个新数据层面的操作，其结果综合了原来两层或多层要素所具有的属性。叠加分析不仅包含空间关系的比较，还包含属性关系的比较。

例如在分析选择登陆点时，将登陆区域按照海岸地貌（海岸类型、海滩坡度）、海滩底质等要素综合分析，在每个网格上叠加两类要素，若两类要素均适合登陆则标记为适宜登陆，若其中一类要素不适合登陆，则标记为不适宜登陆，所有网格分析完毕后，形成可登陆地段专题图。

二、区域分析法

（一）区域分析法原理

区域分析法是作战环境分析的基本方法，环境要素分析法是以要素为基本对象进行的分析。区域分析法是以区域为基本对象进行的分析，区域是一种空间划分，将分析地域按照一定的原则划分为若干个小的区域，然后再对每个区域中的环境要素进行分析，就是区域分析法。

区域可以按照作战阶段来划分，也可以按照空间分布来划分，还可以按照作战任务来划分。基本原则是各区域相对独立，要素相互间影响较小，有利于分析作战空间及其要素对作战行动的影响，划分之后层次更为清晰。

以登陆作战为例，可按照作战阶段将分析区域划分为机动集结区域、上船（机）装载区域、航渡区域、突击上陆区域和浅近纵深区域。划分之后，有利于针对具体作战行动和装备展开分析，分析更有针对性。在机动集结区域，还可以进一步细分为机动区域和集结区域。

划分区域后，在每个区域按照环境要素分析法进行分析，也可以整体分析，以作战行动或武器装备为主，整体分析环境要素的综合影响。例如在机动集结区域，分析机动行动时，综合分析道路、植被、地貌、土质、水系、居民地等对机动的影响。

（二）通达、障碍区域关系原理

在整体分析时，除综合考虑各要素的影响外，还应重点考虑各区域之间的通达、障碍关系，即从地理空间角度分析各区域之间的联系和制约作用。军事行动与作战环境相互依赖、制约关系，表现在对军事行动的利与弊以及对军事行动区域上的通达与障碍性上。作战环境区域对军事行动的通达、障碍性，是指作战环境对军事进攻、机动、观察、射击、通信等达到目的的难易程度。通常将地理区域分为通达区、障碍区及联系各区域的通道。通达区是指物产丰富、工农业发达的地区。该区是军队后勤供应的源泉，是兵力、兵器的集散地，是一次战斗（或战役）向另一次战斗（或战役）转换的通路。

在障碍区中开辟通路，通路就是突破口，通路选在什么地方？这是与战术思想紧密相联的重要问题。首先，障碍区对两栖部队来说，由于障碍的性质不同，使障碍区具有相对性和绝对性。障碍区的这种相对性，也影响了通路，使通路具有绝对性与相对性。

其次，可作为突破口的通路将与主要突击方向紧密相连。因此，从通路到第二个通行区以及下一个通路的展开关系，即"通路—通行区—通路"组成部队的突击方向，由于通路可能有很多个，这种突击方向就可能有很多个，但其中必有一个最佳的突击方向，即在考虑了各种因素的相互影响后，其中有一条最佳突击方向，就是主要突击方向。

再次，通路作为突破口后，进入通行区，将有数条路线到达下几个通路，因此，通路是路线的节点或枢纽部。对于联系任何作战行动的链条中的节点，它们都具有与通路一样重要的作用。例如，公路网、铁路网中的车站、交叉口；航空线中的机场；航海线中的港口码头；指挥网路中的指挥所等，这些部位都是线性网络中的节点或枢纽部，它们是关键部位、要害部位，也往往是敌我双方首先争夺的要点。

最后，由"通行区—通路—通行区"组成的进攻链条，是一条纵向链条。它们由通路这个环节将通行区联系在一起。"障碍区—通路—障碍区"组成防御链条，是一条横向链条，它们也是由通路这个环节将障碍区联系在一起。纵横交叉的进攻与防御链条，在通路处交叉，使通路变成攻防的焦点。通路对进攻来说，当然应该是合成军队可通行的地形，与其对应的障碍区的地形相比较，一般是薄弱环节，即障碍作用要差一些。但是，经过工程兵改造，则可能成为强点。相反地，以障碍区为依托的部队，因兵力弱，不能充分发挥火力的封锁作用则可能使障碍区变成弱点。因此，地形通路不一定都是突破口。地形障碍区的相对性，也可能使地形障碍区成为突破口。

区域系统要素是按地形的作战功能划分的，这将有利于与作战行动相一致。由于科学技术的飞速发展，使武器装备的性能不断变化，从而使作战系统与环境的关系需要不断调整。但因地形的相对稳定性，使得与地形关系的调整只有在地形的战术性能上才得以实现，因此，将地域按军事功能划分为障碍区、通行区、通路，从而适应与作战系统关系的调整。因为障碍与通行是相对的，是可调整的，不但在质量上是相对的，而且在范围大小上也是相对的。

三、面向任务分析法

面向任务分析法是一种根据具体作战任务，顾及武器装备进行的作战环境分析方法，如登陆战斗作战环境分析、远海护航作战环境分析等。该方法以作战过程为牵引，以人员、武器平台的运用为出发点进行分析。如图 1-3 所示，图（a）为两种车辆在某地区机动速度的对比分析，图（b）为某地区影响某型车辆机动的环境要素分布情况。

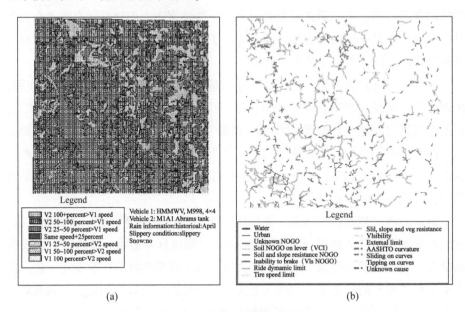

图1-3 面向任务分析例子

四、定性分析法

定性分析法是一种属性分析法，它是在全面掌握有关情况的基础上，通过分析研究，找出事物之间的本质属性和彼此间的关系，进而作出分析结论或分析意见的过程。作战环境的定性分析是指挥员或参谋人员凭借作战经验和指挥艺术或作战经验与指挥要求，在掌握敌情、我情及作战环境的基础上，对环境要素影响作战行动的规律、性质作出的基本判断。定性分析在本质上是经验判断。由于这种分析方法是人脑分析事物基本的和首先的方法，并依赖于经验的积累，故这种方法在实际指挥中，常常是高层次指挥决策时所应用的。在作战环境分析中，有许多难以用定量分析方法完成的问题，仍然依靠定性分析。例如，敌人的主要进攻方向，只能从已掌握的敌情出发，从地形对攻防双方的利弊对比分析上判定。

有的分析内容固然可以用定量分析的方法进行分析，然而由于条件或手段的限制而不能采用时，仍然需要依靠定性分析的方法去完成。在以地形图形作为主要地形资料保障的情况下，除了地形基本作战性能中的大部分性能可以进行定量分析，作战环境的战术性能、战役性能分析的不少内容仍需要定性分析。有些既可采用定性分析、又可采用定量分析的内容，在技术条件不能保证的情况下也用定性分析来代替。例如，分析地形要点时，在紧急情况下仍然由指挥员根据作战经验和对敌人的了解定性地认定。在计算机技术发展的今天，为了克服定性分析时，分析者的情感和意识活动的影响，必然要采取定量分析的方法进行地形分析。

五、定量分析法

定量分析法是用数量概念解答研究问题的方法，它通过建立反映研究对象与研究之间内在联系或规律的数学模型来解答问题。随着军事系统工程这门新兴学科的出现，定量分析方法在军事领域得到了深入的发展和广泛的普及。在战略分析和预测、武器装备发展的评估与论证、国防资源的分配和兵力结构分析、后勤保障与管理、指挥自动化工程的优化与建设以及作战模拟和军事教学与训练中，有着广泛、迫切的需要和普遍的应用，从而提高了决策的科学性与正确性。随着分析问题出现的场合条件不同，定量分析包括确定性问题的分析、随机性问题的分析和模糊性问题的分析。

（一）确定性问题的分析

确定性问题的定量分析，是指能以确定的函数关系表达的二值性问题的分析。这是一种经典的传统定量分析方法，在作战环境分析中有着广泛的应用。例如，从地形图上量得甲、乙两地之间的距离（设已变为地表距离）S，根据道路情况提出的允许行军速度为 V，求所需时间的问题就是确定性的问题。这一问题的解完全包含在公式 $T=S/V$ 之中。只要给自变量组确定的值，即可求得唯一对应的函数值。在地形基本作战性能分析中，类似的问题还有坡度计算与改正、两点通视情况的判定、道路通行能力的分析等。

对于确定性的问题，应根据问题的性质和条件，找出自变量与因变量之间的函数关系。建立定量分析的数学模型，再以不同的参数代入验算，检验模型的正确性。正确无误后便可在分析中运用此关系。这一类问题的特点是其解的唯一性和确定性。

（二）随机性问题的分析

随机性问题的定量分析是指用概率统计理论中的有关理论来分析给定条件

下随机事件（即分析的问题）出现的可能性大小的一种分析方法。例如，在预设阵地上的限定范围内，发现敌人的可能性是多少？按所配置的火器，对目标的有效射击概率是多少？如此等等。所有这类问题的两个共同点是：

（1）随机性：问题的产生是随机的，是与一定的条件相联系的。

（2）规律性：随机现象的每次发生或不发生的可能性大小是遵循统计规律的。

数学上称在条件组 S 下可能发生的事件为随机事件；而称随机事件发生的可能性大小为事件 A 在条件组 S 下发生的概率。事件 A 的概率为 $P(A)$，在条件组 S 下一定发生的事件为必然事件。必然事件的概率为

$$P(0) = 1$$

在条件组 S 下，一定不会发生的事件称为不可能事件。不可能事件的概率为

$$P(\alpha) = 0$$

事件与概率是相互联系的，利用事件之间的关系导出所需要的概率，就等于掌握了随机现象的规律。说明随机现象规律的是随机变量的分步函数。根据试验结果而取值的变量称为随机变量。

随机现象表现为就个别而论具有偶然性，但在整体上、在大量的试验中却呈现非偶然性的客观规律。例如，地形条件允许的可射击程度、战场地形的通视条件、运动目标可能的暴露行驶状况等，一般可用概率统计方法予以描述。

（三）模糊性问题的分析

模糊现象表现为边界不清，概念模糊。例如对地形单元进行战术性能分析，经常遇到"障碍作用大""依托性强""观察、射击条件好"等。而这些"大""强""好"，并没有明确的客观标准，属于边界不清的模糊概念，需要采用模糊数学方法予以描述和处理。

模糊数学由美国科学家 Zadeh 在 1965 年提出，他在一篇相关论文中引入了"隶属函数"概念，来描述客观事物差异的中间过渡，属于精确性对模糊性的一种逼近。在作战环境分析所处理的因素和现象中，存在大量的军事意义上的"好与坏""优与劣"等模糊概念，采用模糊数学方法评价这些概念，往往更有利于对作战环境战术、战役性能的分析。

为确定隶属度，必须先建立隶属函数。确定隶属函数的方法很多，有统计试验法、加权平均法、理论概括法、三分法、多维量表法等。方法和出发点不

同，就有不同的形式和结果。确定隶属函数既有客观因素，也有主观因素，反映了人们对客观事物本质的认识。

在作战环境分析中，经常会遇到一类模糊问题，如海拔越高，战斗车辆的燃料燃烧越不充分；高差越大，障碍作用越大等。它们随海拔、高差的变化不仅是连续的，而且具有"利滚利的随时结算"的变化规律。这类模糊问题适合采用复利计算式求取模糊隶属函数。

在利用模糊隶属度描述作战环境分析中的诸多概念的基础上，可以利用模糊综合评判方法进一步执行分析。模糊综合评判属于模糊系统分析的方法。作战环境分析需要用多个指标刻划本质与特征，并且对环境要素的评价往往不是简单的好或不好，而应采用模糊语言分为不同程度的评语。为此，采用综合评判模型加以表达，需要确定对象因素评价集和因子的权重。其中，权重的确定方法可以采用专家估测法、频数统计法、主成分分析法、层次分析法和模糊逆方程等方法。

第二章 两栖作战环境要素及其影响

环境要素是作战环境分析的主要对象，环境要素分析是作战环境战术性能分析和面向任务作战环境分析的前提。环境要素分析是根据要素对基本战斗动作和装备的影响，研究其对指挥控制、机动、火力、防护、观察、阵地、要点、指挥所选择等的影响。要素影响有的是显性、可定量分析的，有的是隐性、难以定量分析的。熟悉两栖作战环境要素，是作战环境分析的基础。

第一节 要素类别

两栖作战空间上跨越海洋、陆地和低空三个地理单元，涉及的环境要素种类多，可按照性质、战斗阶段、区域、变化周期以及定量化难易程度等进行分类。

一、按性质分类

（一）地理要素

地理要素可分为自然地理、人文地理、民社情等。

自然地理是指地球表面各种自然地理情况和条件的统称，重点是地理位置、海湾、半岛、岛屿、海峡、水道等的数量、面积、位置以及组合规律等，在登陆战斗和岛礁夺控战斗中，地理要素主要分析作战区域的地理位置、区域长度、宽度、面积以及多目标实体之间的相互关系、瞰制作用等。例如研究岛礁夺控战斗时，分析单个岛礁的位置、大小和面积，以及多个岛礁之间的距离、相互位置关系、重要性等。在研究登陆作战时，涉及登陆岸滩的形状、长度、宽度、位置等，具体分析时，与地形要素相结合进行。

人文地理是人类通过政治、经济、文化、军事等各种活动，在地球上形成的人文事物和人文现象的地域组合。人文地理要素主要分析人工环境的组成，如水际滩头障碍的设置、人工海岸、码头、港口、机场等的位置及其特点等。

民社情主要是指政治、经济、文化、人口、宗教和民族特点、风俗习惯及疫情等情况。

（二）地形要素

地形是地貌和地物的统称。地貌是地表高低起伏的状态；地物是指分布在地面上的人工和自然形成的物体，包括道路、植被、水系、居民地、地质（土质）等。地形要素是影响登陆战斗及陆上战斗的主要环境要素。

（三）气象要素

气象要素主要包括风、降水、能见度、低云量、温度、湿度、晨光昏影（日出日落）、灾害天气等。其影响登陆作战全过程，是登陆作战 D 日选择首要考虑因素。

（四）近海水文要素

对两栖作战影响较大的近海水文要素主要包括海水温盐密、水深、潮汐、潮流和海流、海浪（拍岸浪）、海水透明度、海发光、水色、海冰、海况等，对装载上船、泛水编波、突击上陆行动均具有重要影响。

（五）网络电磁环境要素

网络电磁环境可分为电磁环境和信息网络环境。电磁环境是指在作战区域（陆、海、空、天）内，由电子设备构成的信号特性和信号密度的总和。这是战场信息依存的主要领域，大部分战场信息的获取、传输都是在该领域内完成的，频段几乎覆盖了从超长波、长波直至光电频谱在内的全部电磁频谱范围。信息网络环境，即由计算机系统及其网络共同构成的虚拟空间。未来战场上，越来越多的战场信息处理和传输将依赖于虚拟空间，围绕该空间进行的信息战也将出现许多新的作战样式，如电脑黑客战、网络战、计算机病毒战等。

二、其他分类方法

（一）按区域分类

按区域，环境要素可分为近海环境要素、海岸带环境要素、浅近纵深环境要素、珊瑚岛礁环境要素等。例如近海环境要素包括近海海水温盐密、近海水深及碍航物、潮汐、海浪、水色及透明度、潮流和海流、海发光等。

（二）按变化周期分类

按要素变化周期可分为长周期环境要素、短周期环境要素等。例如气候类型、大风频率、年雾日、碍航物等属于长周期环境要素；T时刻潮高、潮流、当日能见度则属于短周期环境要素。需要指出的是，有些环境要素既具有长周期变化特征，也具有短周期变化特征，如风要素，某地大风频率属于长周期变化要素，而当日风速风向则属于短周期变化要素，在分析时要予以区分。

（三）按定量化难度分类

一般来说，实体类要素定量化较为容易，如地形要素中的绝大部分；现象类要素定量化较为困难，如气象要素、大部分水文要素。较易定量化的要素有道路、水系、植被、地貌、居民地等，该类要素具有实体，变化较慢，分析时容易定量，如道路的数量、走向、长度、宽度等。较难定量化的要素有风、海浪、能见度、海发光等，该类要素是一种现象的描述，是实体的一种表现，较难对其进行精确描述，如能见度要素，虽然对能见度有确定的分级定量（详见本章第五节），但在分析时难以精确确定具体覆盖作用范围，无法开展精确的网格化分析。还有一些要素介于两者之间，如潮汐要素，对于某一登陆点或装载点来说，其瞬时潮高值可以精确定量化，但对于整个作战区域来说，其瞬时潮高值又无法全部精确定量。

第二节 海岸带地貌要素及其影响

海岸是海岸线以上的狭长陆地地带，海岸线是海域与陆域的分界线，一般将多年平均大潮高潮线作为海岸线。海岸与海滨相对应，分别指陆上和水下部分，海岸带则是海岸线附近较窄的狭长沿岸陆地和近岸水域。海岸带是两栖遂行登陆战斗和岛礁夺控战斗的核心地域，由于水陆气交汇作用，地貌（指地表起伏状态）复杂易变，对登陆战斗影响至关重要。

一、海岸带

（一）海岸带定义

海岸带是海洋水体与陆地的交界线向海、陆两侧扩展到一定宽度的带状地区。其由海岸（包括海岸阶地和潮上带）、潮间带（干出滩或海滩）和潮下带（水下岸坡）组成，如图 2-1 所示。该定义没有规定各带的具体范围。海岸带范围依研究内容不同有很大区别，如我国在海岸带综合调查时规定海岸带内界至海岸线陆侧10km左右，外界至 10~15m 等深线附近。各国、各城市，甚至不同研究领域均有不同的海岸带范围定义。

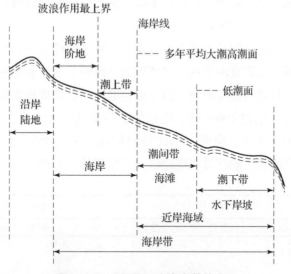

图2-1　《军语》中海岸带的定义

(二) 两栖作战的海岸带范围

浅海，在这里是指登陆海区，是两栖编队活动的海域。这一海区是两栖编队由航渡队形转为战斗队形的活动区，也是突击上陆行动首先涉及的区域。两栖登陆时在这一海区活动的舰艇数量多，机动频繁，如登陆编队在这一海区展开，火力支援舰艇在这一海区遂行火力支援任务，扫雷舰艇在这一海区进行扫雷破障，登陆输送舰船在这一海区进行展开换乘、向岸冲击，其他保障舰艇也都在这一海区活动。所以，这一海区必须具备舰艇安全机动的条件，主要是：具有开阔的海区和水深，能保证参战舰船在这一海区的机动和作战；具有合适的水文条件（包括海流、海浪、潮汐等），能保证舰船的正常航行和执行预定的任务；海区无障碍物（如岛屿、沉船、暗礁、浅滩等），能保证舰船航行安全；具有合适的海底底质，便于舰船锚泊。另外，还要考虑海区是否便于组织对海、空防御，是否有合适的进出航道。如果没有具备上述条件，将严重影响参战舰船在这一海区的安全机动，也直接影响登陆作战行动能否顺利进行。

海岸阶地是指由海蚀作用形成的海蚀平台（包括其后方的海蚀崖）或由海积平原作用形成的海滩，以及因海平面的相对升降而被抬升或下沉后的海蚀平台或海滩。这些呈阶梯状的海蚀阶地和海积阶地，统称为海岸阶地。海蚀崖长期受携带泥沙的激浪磨蚀，不断后退，并在其前方形成一个向海微倾的近似平坦的基岩台地，由于陆地上升或海平面下降而形成海蚀阶地。

（三）岛礁夺控战斗海岸带范围

以珊瑚岛礁为例，珊瑚岛礁夺控战斗以环礁或台礁为主，环礁中间有封闭或半封闭的潟湖，四周成围墙状，呈圆形或马蹄形，封闭着中间的潟湖。珊瑚礁环有的完整，有的局部有断裂，以水道连通大海，珊瑚礁潟湖的深度一般超过30m，但是较少超过100m的。潟湖的直径变化很大，为 1~130km 不等，水道深度数米到百余米。向海一侧的斜面较陡，可达 45°，上部甚至达 90°。一般珊瑚礁由礁前带、礁核带和礁后带三个带组成，如图 2 – 2 所示。

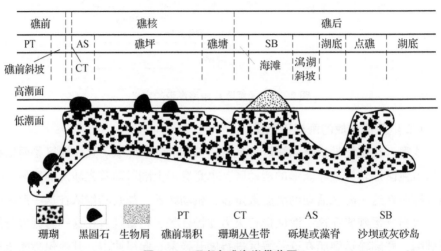

图 2 – 2　珊瑚岛礁海岸带范围

（1）礁前带：位于礁体生长带的前沿，面向开阔外海，地形较陡峭，海水动能大，包括礁前塌积和礁前斜坡。前者位于后者的下方，坡度和缓，塌积物主要来源于礁核，粗细混杂，大礁块直径达数米。礁前斜坡也称为礁坪前坡，坡度达50°以上，一般为硬底质。

（2）礁核带：包括珊瑚丛生部分、砾堤部分、礁坪部分和礁塘部分。砾堤展布在礁坪前缘，一般高出礁坪1m以上，抗浪性强，砾堤由礁块或礁砾组成。大洋环礁的砾堤，常被孔石藻等包壳黏生，形成藻脊。礁坪也称为礁平台，是珊瑚礁的主体，主要由珊瑚礁岩构成。礁坪的发展上限为低潮线，表面崎岖不平，沉积物粒径由海向内变细。礁塘介于礁坪与海滩之间，深几十厘米至数米，底质为砂质。

（3）礁后带：位于礁体生长带后侧或内侧，一般位于潮间带，部分位于潮上带。其包括海滩、沙坝（或灰砂岛）和潟湖三个部分。海滩是向礁坪倾斜的潮间带，由珊瑚屑等生物砂组成，沙坝（或灰砂岛）位于潮上带，由珊瑚等生物砂组成，潟湖平均深度为45m，可分为点礁、湖底和潟湖斜坡。湖底一般为灰泥或珊瑚泥。

二、海岸类型（海岸性质）

海岸类型是指海岸带陆地部分组成物质的类型，有岩石海岸、沙（砾）质海岸、泥质海岸、珊瑚礁海岸、红树林海岸和人工海岸。海岸类型直接或间接影响海滩底质、海滩坡度、海岸坡度等，是平面登陆战斗中选择登陆点时的首要制约要素，应尽量避免陡岸、石岸、丛林岸等。陡岸坡度较大，有些地段甚至人也难以攀登，登陆舰艇的抢滩、卸载等更为困难，水陆两栖坦克、装甲输送车，甚至气垫艇也都难以逾越。地质条件不好的平岸，也不宜选作登陆地段。例如石质岸、磊石岸等多是由坚硬的岩石形成的，有些石质岸由大小不同的石块构成。

由于这种海岸通常向海滩延伸，除致使海滩条件不宜登陆外，岸上多是地形起伏较大的石质结构，也非常不利于人员和车辆的通行。树木岸利于敌人隐蔽和集结兵力，不便于我机械化兵力行动。芦苇岸和丛草岸底质多为软泥，除不同程度地便于敌方兵力的隐蔽外，也对人员、车辆和装备的通行有较大影响。表2-1给出了各类海岸类型对登陆战斗的影响。

表2-1 海岸类型特点及对登陆战斗的影响

海岸性质	成因机制	地貌	形态特点	海滩	承载力	作战影响
岩石海岸	海水侵蚀山地	海蚀洞、海蚀崖、海蚀平台、海蚀柱等	岸坡陡，岸线曲折，岛礁众多、海陆界限分明、海岸线比较稳定	岩石滩	好	易于抗登陆，不宜登陆

续表

海岸性质	成因机制	地貌	形态特点	海滩	承载力	作战影响
沙（砾）质海岸	发育于岬角、港湾相间的海岸，由被侵蚀的物质经沿岸流输送堆积而成，海岸由粒径在0.1~1.0mm的沙粒或粒径大于1.0mm的砾石组成	沙滩、沿岸沙堤、水下沙坝、岛沙嘴、连岛沙洲、脊槽型海滩	沿岸地势低平、底质硬、岸坡短平、岸线曲折，港湾、岬角和岛礁较少见	砂砾滩、砾石滩、磊石滩	一般	兵力暴露在滩头的时间长易被攻击；岛屿地区或某些宜登陆的窄小地段，一次登陆人员不多，必须采用多地段、多波次登陆的方法
泥质海岸	在潮汐作用较强的河口附近和隐蔽的海湾内堆积而成，由0.002~0.06mm的细颗粒物质组成	平缓宽浅的泥质潮间带海滩，断续岸外沙堤	沿岸地势低平，岸坡坡降一般在0.05%~0.1%，海岸宽阔，达几千米到几十千米泥质海岸滩面上覆盖着一层粥状淤泥	沙泥滩、硬泥滩、沙滩、软泥滩、淤泥滩	软泥滩、淤泥滩差；硬泥滩好	①粥状淤泥人行其上可陷没过膝；滩锚抓力虽强，但易于下陷，登陆兵和武器装备难于上陆；②泥滩中支叉密布的狭窄潮水沟，对通行极为不利，不适合舰船活动和登陆作战；③硬泥滩底质硬、表面平滑，不宜损伤舰艇，如果岸滩坡度与舰船龙骨坡度相宜时，便于登陆兵及武器装备迅速上陆

续表

海岸性质	成因机制	地貌	形态特点	海滩	承载力	作战影响
珊瑚礁海岸	为热带和亚热带地区特有的海岸地貌类型,是造礁珊瑚、有孔虫、石灰藻等生物残骸的堆积	岸礁、堡礁、环礁	波浪、潮流相对弱	珊瑚滩	一般	舰船难以靠岸,上陆工具上陆困难,易损伤,不利于登陆作战
红树林海岸	在茂密生长的耐盐的红树林植物群落	红树林植物群落与其固着细颗粒泥沙	波浪、潮流相对弱	植物滩	较好	舰船难以靠岸,上陆工具上陆困难,易损伤,不利于登陆作战
人工海岸	由堤坝、护坡等非透水性人工建筑物终止了自然的海岸发育过程且高潮时水面不能没过的海岸	防波堤、防潮堤、护坡、挡浪墙、养殖、晒盐、沿海防护林	填海形成的堤坝、护坡等人工建筑使原始的海滩减少或丧失	人工滩	较好	舰船难以靠岸,上陆工具上陆困难,不利于登陆作战

(一) 岩石海岸

由坚硬岩石组成的海岸称为岩石海岸,是海岸的主要类型之一,如图2-3所示。岩石海岸通常有突出的海岬,在海岬之间,形成深入陆地的海湾。岬湾相间,绵延不绝,海岸线十分曲折。此类海岸是由海水浸入沿岸山地而成。原来高起的山嘴半沉海中,形成伸入海洋的岬角,山谷沉没而成海湾,山头则成岛礁。所以,此类海岸具有岸坡陡立、岸线曲、土质坚硬、岬湾交替、岛礁众多、海陆界线分明、海岸线比较稳定、濒海地形起伏大等特点。同时,此类海岸受波浪折射的影响,岬角处形成各种海蚀形态,海湾中有海积而成的湾顶海滩分布。在港湾海岸地区,海滩分布一般具有岬角处窄、海湾中宽的特点。这种海岸通常为海蚀地貌，登陆地段小，坡度较大，不便于展开与靠岸，技术兵器使用受限制，向纵深发展困难，不宜选作登陆点。

图 2-3　山地岩石海岸

(二) 沙 (砾) 质海岸

沙 (砾) 质海岸主要受波浪作用的控制，一般浪控海岸的主要地貌特征为海滩，同时位于水下岸坡的向海延伸的滨面也受波浪的作用，海滩陆侧的海岸沙丘也是浪控海岸中普遍存在的地貌，多由丘陵地延伸入海。其特点是：海岸带较宽，岸线较平滑，岸坡短平，地形隐蔽，沿岸地势低平，广布各种海积地貌形态，港湾、岬角和岛礁均很少见，海蚀地貌仅在个别突出的岩岬部位才能见到。沉积物一般由粒径在 0.1~1.0mm 的沙粒或粒径大于 1.0mm 的砾石组成，如图 2-4 所示。这种海岸便于登陆地段多，舰船易于靠岸，技术兵器使用受限制小，便于向纵深发展。

图 2-4　沙 (砾) 质海岸

我国长江口以北海岸,除山东、辽东两半岛和大河河口地段外,一般均属沙(砾)质海岸。

(三) 泥质海岸

泥质海岸多与平原连接。其特点是:海岸带宽阔,沿岸地势低平,岸坡坡降一般在 0.05%~0.1%,前滨、后滨及潮间带三者之间缺乏明显的界线,多呈过渡状态,潮间带极宽,可达几千米到十几千米,如图 2-5 所示。岸滩多淤泥,岸线直、岸坡缓,涨落潮界线距离远,不便于登陆作战;由于泥泞下陷,技术兵器不便于发挥作用,构筑工事较困难,有海堤时可作依托;内陆地形平坦开阔,除水网稻田地外,一般适于登陆后向纵深发展进攻。这种海岸由粒径小于 0.05mm 的物质组成,一般发育在淤泥来源丰富(如大河供给泥沙)、海水比较平静的环境下。

图 2-5 泥质海岸

(四) 珊瑚礁海岸

珊瑚由很多珊瑚虫构成,珊瑚虫是海洋中的一种腔肠动物,在消化和生长过程中吸收海水中的钙和二氧化碳,然后分泌出碳酸钙,变为自己生存的外壳,按生态功能可以把珊瑚分为两大组:有共生藻(即虫黄藻)的珊瑚称为可造礁珊瑚,而没有共生藻的称为不可造礁珊瑚。珊瑚礁是指造礁珊瑚群体死后其遗骸构成的岩体。每一个单体的珊瑚虫在生长繁衍过程中不断分泌出碳酸钙,这些碳酸钙经过压实和石化,形成岛屿和礁石,即珊瑚礁,如图 2-6 所示。中国珊瑚礁海岸主要分布在海南岛、南沙诸岛、澎湖群岛和台湾沿岸。南沙诸岛的东沙、中沙、西沙和南沙群岛均由珊瑚礁组成。

图 2-6 珊瑚礁海岸

珊瑚礁海岸依其特征可分为岸礁、堡礁、环礁、台礁和点礁五种。岸礁是构成一个略低于海面的平台，紧靠着基岩海岸分布。礁平台表面崎岖不平。堡礁像一条长堤，环绕着海岸外围，而与海岸隔着一个宽阔的浅海区或隔着一个潟湖。环礁出露于海面上，高度不大的珊瑚礁岛，外形为圆环或长环状，环状的礁体围封着中间的潟湖，亦称为礁湖，环礁有的是完整的环，有的环中有缺口，有水道与海相通，西沙群岛的永乐环礁，东沙群岛的东沙岛及南沙群岛的郑和环礁，都是典型的环礁。台礁呈台地状高出附近海底，但无潟湖和边缘隆起的大型珊瑚礁，也称桌礁，为平台状礁体，如金银礁和中建礁均属于台礁。点礁又称斑礁，是堡礁和环礁潟湖中的礁体，大小不等，形态各异，是大珊瑚礁体的组成部分。

珊瑚岛礁面积小且地势低平，难以构筑地下工事。防御纵深浅，旋回地幅小，防御弹性和韧性差，难以承受连续火力攻击。但礁盘宽大环绕起屏障作用，增大了抗击纵深，也限制排水型登陆工具的有效使用，能迟滞涉水冲击速度；珊瑚岛礁多，散布海域大，可构成群岛防御的火力体系，能相互支援和加强。岛礁四周礁盘环绕，地势开阔，海底地貌复杂，登陆舰艇难以直接抵靠岛礁。两栖车辆泛水线向外延伸，增加了登陆冲击的距离；岛礁外侧崖壁陡峭，水深骤增，抢滩上陆、攀登上岛均较困难；各岛礁面积狭小，登陆岛礁作战，首次突击投入的兵力有限；岛上作战，敌我短兵相接，各种兵力协同更加复杂，各种火器威力难以发挥，加上岛礁大都地势低平，林木茂盛，对敌观察、射击、机动均有一定的影响，另外，大部分原始岛礁无码头，后续兵力和物质卸载上陆均很困难。夺占岛礁后，因无坚可守，纵深短浅，难以构筑坚固防御阵地。

(五) 红树林海岸

红树林是指生长在热带、亚热带低能海岸潮间带上部，受周期性潮水浸淹，由以红树植物为主体的常绿灌木或乔木组成的潮滩湿地木本生物群落，如图2-7所示。组成的物种包括草本、藤本红树，生长于陆地与海洋交界带的滩涂浅滩。红树生出大量的支柱根和呼吸根，快速成林，树冠相接，盘根错节。涨潮时只有树冠漂露海面，成为一片浓绿的海洋森林，退潮后，树上树下到处是浮泥浊水，潮水沟蜿蜒其间，变成了通行极端困难的海岸泥沼带。

图2-7 红树林海岸

红树林海岸按其自海向陆的顺序可分为4个带：①浅水泥滩带，位于低潮海面以下，经常为海水淹没，但水浅，仅1~2m，是淤泥的海底。②不连续的潮滩带，位于低潮线附近，能受到风浪的作用，所以有一些沙滩分布，但这里风浪作用不是很强，沙滩又被一些小河、潮水沟或泥滩所分割。③红树林潮滩带，位于不连续的潮滩带的后侧，宽度从几十米到几千米不等，这里生长着茂密的红树丛林，笼罩了整个潮间带的泥滩。④淡水沼泽带，位于红树林潮滩带的后侧，平时地面干燥，只有特大潮水时才会被淹没，夏秋季通常是河水泛滥区。

(六) 人工海岸

人工海岸是由人工构筑的海岸工程等组成的海岸，例如海堤、拦潮堤、丁坝、人工养殖场、防波堤、人工养滩等，此外还包括海岸附近的盐田、水网稻田、沟渠、防风林带、密布的居民区等，如图2-8所示。这些都构成了上陆行动的障碍，同时抗登陆一方长期设防，在海岸带附近构设了各种防御阵地，并且在这些阵地内存储了大量物资,并构筑了许多要塞、要点,对登陆部队构成一定威胁。

图 2-8　人工海岸

三、海滩

(一) 海滩范围

海滩也称潮间带,或者干出滩,潮控海滩也称为潮滩(一般为泥质海滩),是海岸线与低潮线之间的海陆交接地带,由陆向海缓倾。其分为沙滩、泥滩、树木滩、珊瑚滩、岩石滩等。海滩是沙(砾)质海岸和泥质海岸的主要地貌特征。由于潮汐、海浪等的作用,海滩的范围是变化的,其变化尺度有大尺度(10~20 年)、中尺度(7 天~6 个月)和小尺度(5~30 分钟),在分析时要予以注意。

在登陆战斗中,通常所关注的海滩坡度、海滩底质等实际上包含了部分海岸,也就是广义上的海滩,即岸滩,其范围包括潮上带、潮间带(泥质海岸)或者后滨、前滨(沙(砾)质海岸),其向陆边界为波浪作用最远处或台地边缘,海域范围为低潮线,或者波浪作用的下限,即波浪开始扰动海底泥沙之处,这个界限随波浪作用的强度而变化,一般来说,是在水深相当于波浪长度的 1/2 或者 1/3 处。岸滩情况主要是由岸滩底质、岸滩坡度和岸滩的正面及纵深大小决定的,岸滩底质是海底和岸滩表层的地质成分,一般由沉积物或沉积物组成,分岩、泥、沙、砾、珊瑚、硅藻等。通常平原地海滩多沙;山地海滩多岩砾。岸滩坡度就是岸滩斜面与水平面之间的夹角。

图 2-9 是海滩范围示意图,其中,潮上带、潮间带、潮下带为泥质海岸划分,滩肩、滩面、水下岸坡为沙(砾)质海岸按照海滩的概念来划分,而

后滨、前滨、内滨则是沙（砾）质海岸按照海滨的概念来划分（美军常用此划分方法）。

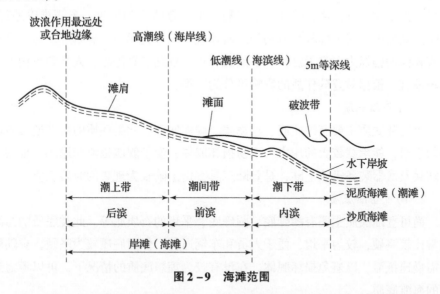

图 2-9 海滩范围

泥质海岸的潮间带分为高潮滩（平均大潮高潮位和平均小潮高潮位之间）、中潮滩（平均小潮高潮位和平均小潮低潮位之间）和低潮滩（平均小潮低潮位和平均大潮低潮位之间），高潮滩被淹没时间为 1/3 潮周期，高潮阶段流速低，海滩组成物质主要为淤泥，有部分黏土，冲刷性表现为低地，淤积性表现为平坦的泥滩。中潮滩被淹没时间占 1/2 潮周期，海滩组成物质为沙泥混合。低潮滩被淹没时间占 2/3 潮周期，海滩组成为砂，常见沙波，潮沟较多，滩面粗化，大部分为粗砂和细粉砂。

潮波通过宽广潮滩时，由于海底摩擦的影响，使潮流速度和波浪作用力自水下岸坡到低潮线直至高潮线逐渐减小，在高潮线附近滩面绝大部分时间脱离波浪和潮流的作用，因此虽然泥质海岸特别是淤泥质海岸一般不宜选作登陆点，但可部分抵消潮流、海浪作用，对登陆战斗是有利的。此外，泥质海岸所形成的潟湖与外海水体之间常有潮汐通道，潮汐通道会不定期地开合，通道水流流速较大，如海南岛洋浦港的落潮流流速可达 4kn（1kn = 1.852km/h），在登陆战斗时要予以考虑。

（二）海滩底质

海滩底质是指海滩构成的物质特征。其主要有沙、沙泥、沙砾、硬泥、软泥、淤泥、岩石和珊瑚等种类。海滩底质影响登陆兵及武器装备在滩头的行动和速度，影响登陆舰艇登滩、退滩操纵。平坦的岩底无抓力，抛锚的登陆工具不易保持锚位，软泥底，锚抓力强但易下陷，登陆兵和坦克、车辆难以通过，影响上陆速度，对上陆较为有利的底质是较硬的沙或泥沙、砾石等。这些底质既有较强的锚抓力，又无黏性和下陷的弱点，登陆工具停靠、人员和车辆上陆都较适宜。根据对登陆作战的影响可分为三类：

1. 可登陆底质

可登陆底质主要有沙质底、沙泥底、硬泥底等。此类底质的海滩通常表面均匀平滑，能承载较大的压力，不易损坏舰体，便于舰艇抢滩和退滩，也便于登陆兵及武器装备迅速上陆，是登陆工具突击上陆较为理想的海滩底质。

2. 尚可登陆底质

尚可登陆底质主要有沙砾底、圆砾底、平坦的石质底等。此类底质的海滩通常比较坚硬，较为平坦，便于人员和车辆通行，但因底质较为坚硬，登陆舰艇需慢速抵滩，以避免损坏舰体。在没有较为理想底质的情况下，可以考虑选择的海滩底质。

3. 不可登陆底质

不可登陆底质主要有淤泥底、岩石底、珊瑚底等。此类底质的海滩不便于人员、车辆的卸载和通行，易使舰艇下陷或受损，是在登陆作战中要尽量避免的海滩底质。

（三）海滩坡度

海滩坡度是指登陆时刻的海平面与海滩面之间的夹角，海滩坡度主要影响登陆工具的行动。当采用两栖车辆或气垫艇、直升机上陆（着陆）时，坡度的影响不明显；当采用排水型工具抵滩上陆时，坡度的影响是非常明显的，直接影响登陆兵、武器装备和车辆上陆时的涉水深度与涉水距离，对装备的卸载、舰艇的抢滩和退滩也有很大的影响。坡度较大时，涉水距离较短，但涉水深度较大，而且登陆舰艇与海滩的接触面较小，受风、浪、流等的影响较大，容易使登陆舰艇坐滩不稳，致使装备和车辆卸载困难；坡度较小时，涉水深度较小，但涉水距离较大，虽然舰艇能平稳坐滩，但人员车辆在水中运动距离较长，武器难以充分发挥作用，易被敌杀伤，同时，登陆舰艇退滩也较困难。因此，登陆海滩的坡度既不能太大，也不能太小（表2-2），既要尽可能减少登陆兵的涉水距离，又要便于登陆上陆工具抢滩、卸载和退滩。

表 2-2 海滩坡度等级表

坡度等级	高程和距离之比/(m/m)	角度/(°)
陡坡度	>1/15	>3.84
中坡度	1/15~1/30	3.84~1.92
小坡度	1/30~1/60	1.92~0.96
微坡度	1/60~1/120	0.96~0.48
平坡度	<1/120	<0.48

四、海岸沉积物

海岸沉积物主要是指分布在海滩和潮滩地带的机械碎屑，即不同粒度的砂、砾石、生物骨骼和壳体的碎屑等，其来源有陆源、海源和火山碎屑，陆源主要是陆地岩石风化剥蚀的产物，大多是一些不同粒径的矿物、岩石碎屑。海源主要是海水中由生物作用和化学作用形成的各种沉积物，如海洋生物的遗体、矿物及某些黏土等。火山碎屑主要包括大洋裂谷等处溢出的来自地幔的物质。砾石海岸的主要成分是砾石（粒径大于2mm），沙（砾）质海岸的主要成分是砂（粒径 0.063~2mm），泥质海岸的主要成分是粉沙（粒径 0.063~0.004mm）和黏土（粒径小于 0.004mm）。

海岸沉积物具体分类及其粒径大小如表 2-3 所示。

表 2-3 沉积物分类及粒径大小

类型	粒级名称	粒径/mm
砾石	岩块	>256
	粗砾	256~64
	中砾	64~8
	细砾	8~4
	极细砾	4~2
砂	极粗砂	2~1
	粗砂	1~0.5

续表

类型	粒级名称	粒径/mm
砂	中砂	0.5～0.25
	细砂	0.25～0.125
	极细砂	0.125～0.0625
粉沙	粗粉沙	0.0625～0.0312
	中粉沙	0.0312～0.0156
	细粉沙	0.0156～0.0078
	极细粉沙	0.0078～0.0039
黏土	粗黏土	0.0039～0.00195
	中黏土	0.002～0.001
	细黏土	0.001～0.0005
胶体		<0.0005

五、水下岸坡

（一）海底坡度

海底坡度是指水际部分（浅海及水下岸坡）坡度，与海滩坡度相比，海底坡度一般较小，但在水下岸坡部分可能会存在较大坡度，特别是台湾北部及南部和东部海岸，位于大陆架边缘，海底坡度非常大。海底坡度尤其是近岸海底坡度对水雷武器的使用有很大的影响，当倾斜角较大时，施放的锚雷和非触发水雷会发生滚动，滑到很深的地方去，这样炸伤我登陆舰艇的可能性就减小。另外，磁雷的破坏作用随爆炸距离的增大而降低，通常在10～20m的布雷深度爆炸效果最好，30～40m次之。若在低潮时上陆，海底坡度尤其是水下岸坡部分的坡度会对舰艇抵滩、两栖车辆上陆及人员涉水产生影响，其影响效果和海滩坡度类似。

（二）海底底质

海底底质是指覆盖在海底的沉积物，大多数为动植物的遗骸组成，也有火山物质和宇宙尘埃。海底底质通常分为泥、沙、砾石、碎石、贝壳等几类。它对舰艇停泊、基地和港口锚地的设立、浮动助航设备和障碍网的敷设、水雷武器的使用都有很大影响。平坦的石质海底，因没有黏着现象，抓着力很小，锚在水流、浪的影响下，使抛锚的舰艇、浮动的助航设备、布设的锚雷等不能保持在预定的位置。泥底和沙底，因有黏着现象，但对锚有最大的抓着力，会使锚雷加深，减弱锚雷的作用。砾石、碎石和贝壳底质，有优良的抓着力，有很少黏着现象，是舰艇锚泊和敷设浮动助航设备的理想底质。海底底质影响登陆舰使用后锚的抓力，一般抛后锚的底质以泥底和泥沙底最好。

第三节　浅近纵深地形要素及其影响

浅近纵深主要是指登陆战斗陆上区域，范围大体为登陆点岸滩（不包含）起，至本级任务纵深最后一线止。浅近纵深作战环境分析与陆地作战环境分析相近，对战斗影响较大的主要为地形要素，包括地貌、地质（土壤）及地物四要素（居民地、道路、陆地水系和植被）。

一、地貌

地貌是指地表的起伏状态，按起伏程度，其可分为平原地貌、丘陵地貌和山地地貌。其划分的依据主要是高差、坡度和脊线脉络，如表 2-4 所示。

表 2-4　不同地貌的分类标准

因素	平原地貌	丘陵地貌	山地地貌
高差	小于 50m	50~200m	200m 以上
坡度	<3°	3°~30°	>3°
脊线脉络	无	不能连贯	十分明显

一个完整的地貌单元，通常由山顶、鞍部、山背、山谷、山脊和斜面等地貌元素组成。它们对上陆后浅近纵深作战行动有较大的影响。

（1）山顶：形态高突，展望良好，是选择观察所的理想位置；由于对四周具有瞰制作用，若位居要冲，常被选为地形要点；形状、颜色特殊的山顶，是指示目标的良好方位物，高大透空的山顶，是夜间行进可利用的目标。

（2）鞍部：道路翻越山脊，一般由鞍部通过。当有重要道路通过且其两侧地形险峻时,则称为隘口,是敌对双方争夺的咽喉要地。

(3) 山背:向外突出,便于观察、射击,常在山背的突起部位设置观察所和挖掘堑壕、构筑射击工事,以火力控制正面和两侧谷地。若山背坡度较缓,常被作为攻方的接近路。

(4) 山谷:地势低凹,利于部队隐蔽、伪装和防护,但若施放毒剂,则滞留时间长。声音顺谷方向传播的远,但翻山的横向传播则很差。战时可实施隐蔽机动、选作炮兵阵地。

(5) 山脊:山脊的走向,反映地貌的分布特征。横向山脊,利于防御,可以较少的兵力控制较宽的正面;纵向山脊,不利于防守。山脊的分布形态,常常是指挥员确定阵地编成、火器配置和战斗队形的重要依据之一。

(6) 斜面:斜面形状影响堑壕的挖掘位置和火器配置。等齐和凹形斜面,在防界线附近挖掘一条堑壕,即可以火力控制整个斜面;凸形斜面,通常需有两条堑壕;波形斜面,至少有两条以上的堑壕方能控制整个斜面,且死角多。斜面的坡度和长度,影响攻方的冲击速度、机动能力和体力消耗。

上述元素,在山地、丘陵地貌中,表现充分;在平原地貌上,只是总体形态有所表现。地貌影响作战行动的主要因素是坡度、高差与高程、切割度和起伏频率等。地表受外力作用或其他影响,使地面形态发生的垂直变化(如沟壑、坑穴、陡崖、滑坡等微地貌形态),称为切割形态或断绝地。单位距离(以千米计)内,出现断绝地的次数,称为切割度。按地面垂直切割程度,分为严重切割地、中等切割地和轻微切割地。严重切割地,有大量天然障碍,如沟壑、河溪较多,地貌起伏较大,切割度大于30%,不适于装甲部队作战和技术兵器运用。中等切割地,障碍物相对较少,大部分战斗车辆可以克服障碍而通过,切割度为10%~30%,多属丘陵地貌,此种地形仅在某些方向难以集中使用技术兵器。轻微切割地,切割度小于10%,一般为平原地貌,此种地形上能投入大量装甲部队和适于使用技术兵器。分析地貌时,主要分析敌前沿、纵深高地特点、位置关系,利于敌部署兵力、火力和构筑工事障碍的主要地貌单元,判明敌防御主要方向、防御要点,防御强弱点;利于我登陆突破的地段和主要方向;对我登陆战斗行动的不利地貌和应采取的措施。

二、地质(土壤)

地质指的是岩石、土壤、构造运动、地下水等地壳的物质组成及其物理化学性质和地球物理场。对两栖作战影响较大的主要是地表及一定深度物质的组成及其性质，如承载力、松散堆积物的粒度大小、形态特征、力学特征等。对上陆后浅近纵深机动、设障、阵地选址、构筑工事、武器使用均产生一定影响。前述海滩底质也属于地质的一种。地质中对登陆战斗影响较大的主要是土壤，土壤是指陆地表面具有一定肥力或疏松土层。我国有性质不同的各类土壤。土壤对陆上战斗的影响取决于土壤种类、性质和气候条件。

（一）砂土

砂土是指土壤颗粒组成中砂粒含量较高的土壤。砂土土温变化较大，黏结力小，结构较疏松，通气透水性良好。干燥季节，土质松软，影响炮兵和技术兵器的运用和机动，载重大时就下陷；在砂土地运动时，速度降低，人员体力消耗大。构筑工事困难，但雨天不泥泞，干燥快。

（二）黏土

黏土是指土壤颗粒组成中黏粒含量较高的土壤。黏土土温比较稳定，黏结力强、通气透水性差，干时硬结，湿时泥泞，并有强烈的膨胀、收缩性能。干燥季节尘土很大，遇风尘土飞扬，能见度降低，影响观察、射击；部队运动和射击时易使尘土扬起，暴露企图和位置。雨天吸水快、干燥慢，形成较长时间的泥泞，严重影响部队机动，甚至使步兵也不易通过。黏土结构紧密，便于构筑工事。

（三）壤土

壤土是指土壤颗粒组成中沙粒、粉粒、黏粒含量适中的土壤，是介于沙土和黏土之间的一种土壤质地类型，兼有沙土、黏土的优点，通气透水较好，便于部队行军、工程构筑和使用各种技术兵器。

土质承载压强的大小，影响建筑物的稳固程度。不同的硬度，影响开挖方法和构工速度，如表2-5所示。土质不同的粒径和性质，具有不同的孔隙率、可塑性、渗透性和毛细作用，影响筑路、筑城和机场等工程的修建。

表2-5　人工土质作业效率　　（单位：m^3/人·时）

人工作业	松软土	中等土	硬土	夹石土
挖深2m	1.0	0.75	0.5	0.25
挖深5m	0.3	0.3	0.1	0.1

土质影响部队越野机动。沙质土质，如沙漠，步兵徒步行进最大时速 1.5~2km，且持续行军难度大。轮式车辆基本不能通行，在较硬的平沙地上虽能勉强行驶，但速度近于徒步，且随时有陷车的可能，需准备自救器材，耗油量为硬土质的 2~3 倍。履带装备虽可机动，但附着力低，时速只有 9~12km，爬坡能力 15°~18°，耗油量（中型坦克）增大近 1 倍。沙尘大，车辆故障多。

砂砾土质，如戈壁。轮式车辆在硬戈壁越野行驶，时速可达 10~15km，在软戈壁只有 5~7km，油料消耗增大近 30%。坦克机动时速可达 25km，机件易于磨损。

石块地，多位于海拔较高的地区，岩石受冰冻与风化作用发生崩裂而形成。步兵运动困难，速度慢，爬坡时既易下滑，又易发生事故。牲畜行走足蹄易被扭割。轮式车辆机动时速约为 15km，轮胎易被割裂。坦克的履带和机件易被磨损，油料消耗稍大，爬坡能力降低。

盐碱地，底部潮湿、泥泞，通行困难。但干旱地区的盐碱地，地表为白色，土质松软而不滑，一般尚可通行，但速度慢，且应警惕个别地方陷车。

龟裂地，多见于戈壁滩和有黏性土的地区。因人烟稀少、气候干燥而得以长期保存。表面平坦、土质坚硬，利于机动。

土质影响射击效果。炮弹在松软土中爆炸，有 50% 的碎片在 8~12m 半径内很快减速；炮弹在沙土地、沼泽地爆炸，其杀伤面积较硬土地分别减少 1/2 和 1/3。火炮在松软土上实施射击，影响射击精度。

土质不同的化学成分和物理性质，具有不同的波谱特性和感生核辐射的能力（一般地，黏土、亚黏土、盐渍土感生辐射大；沙土、黑壤土感生辐射小）。需依不同土质采取不同伪装和防护措施，以对付空中侦察和地面放射性污染。

三、居民地

居民地是人类由于社会生产和生活需要而形成的集聚定居地，是进行生产、工作和生活的基本场所。居民地对战斗行动影响的程度，取决于它的大小、建筑物状况和所在位置的地形等条件。居民地便于构成坚固的防御阵地，利于近战、夜战和小分队战斗行动；利用城市电讯设备可组织部队通信联络，便于军队宿营和后勤补给。但观察、指挥和协同不便，战斗分队易被分割。城市作战中，城市防御一方通常以街区为单位组织，防御者通常利用街区内建筑物、街道两侧建筑物或交叉路口周围建筑物构成防御支撑点。两栖突击部队进行濒海城市作战,很难组织各进攻群(队)或航空兵、远程炮兵支援火力协调一致地攻击同一个较小的目标,容易造成进攻群(队)独立战斗的局面。居民地影响作战行动的主要因素是建筑类型、分布形式、规模与职能。

(一) 建筑类型

土木建筑物,防护能力差,容易引起火灾,不宜选作防御阵地,但墙壁容易穿凿打通,适于步兵用作隐蔽通道。砖石建筑物,有一定的防护能力,火灾危害较小,墙壁较难打通,可作为防御阵地。钢筋混凝土建筑物,防护能力强,不易引起火灾,且多为较高或高层建筑,观察、射击条件较好,可作为支撑点使用。玻璃窗占据较大面积的高层建筑,防护能力差,极易为炮火摧毁而留下残垣独柱。此类建筑物多有地下室,对核袭击有较好的防护作用。

(二) 分布形式

密集而排列不规则的建筑群,街道狭窄而弯曲,战斗车辆机动将受到极大限制或不能通行且观察、射击条件受限、直视和直射距离一般在百米左右;作战形式多为以步兵为主的小型战斗。密集而排列有序的建筑地段,街道较宽,战斗车辆可高速机动;房屋间有较多的空地,便于坦克和重型直瞄武器参加战斗,但建筑物倒塌和人工设障容易堵塞街道;观察、射击距离较远,一般能组织交叉和相互支援火力,重型直瞄武器可支援步兵战斗。房屋可使步兵得到较好的掩蔽,利于组织连续而相互支援的进攻。散列式建筑区,房屋稀疏,机动条件好,便于组织相互支援火力;在高大建筑物上建立观察所,可引导炮兵射击。炮兵阵地可隐蔽在行树、围墙或房屋之后。高层建筑区,是典型的现代化建筑,由高大公寓楼组成,公寓楼之间有较大空地。机动条件好,战斗车辆能沿宽阔的街道和建筑物间的空地机动,战时造成的瓦砾一般不会将道路堵死;观察、射击条件好,在建筑物之间可组织交叉与支援火力,前进观察员能有效指示间瞄武器准确射击;对间瞄火力的杀伤有较好的防护,地下室是防核袭击的较好场所,战斗车辆在建筑物后或在地下通道,可获得隐蔽与掩蔽。

(三) 规模与职能

居民地按规模和行政职能可分为首都、省会、市、县和村镇。首都是国家中枢与象征,它的安危不仅在政治上、心理上对全国产生巨大影响,而且直接影响对诸省的领导与沟通,是全面战争必定争夺的目标,具有战略意义。省会是一个省的中枢,其安危势将波及全省和影响对诸市(地)的领导与协调,它通常是战区战役或局部战争争夺的目标,具有战役意义的省会城市亦具有一定的战略意义。市、县级居民地也与相应级别的战役或战斗目标相联系，一般来说，某一级居民地的安危，既影响纵向控制，又影响横向协调，在隶属体系上起到分割作用，并将削弱对战争支持的凝聚力。任何层次的战役，必然与相应等级的居民地相联系。城市按经济职能可分为工业、能源、港口、交通枢纽、商业和综合性城市。工业城市是支持战争的生产基地。能源城市既关系到其他城市的生产与生活的正常运转，又直接影响战争的实施，一旦失去控制，将使某些工业城市的生产瘫痪。港口和交通枢纽城市，关系到外部支援和内部交通运输与调动。商业城市影响商品的交换与集散路线的畅通，并对周围地区人民的生活产生影响。所以城市职能越单一，影响越广泛；而综合性城市，则独立性较大。一般控制一个城市，即能波及相当范围，起到以点制面的作用。

四、道路

道路是军队的命脉。它以不同的类别、质量、分布和构网，影响作战方向的选择、作战准备的时限与规模、作战的兵种编成与配置，以及作战计划的实施。对作战行动影响最大的是铁路和公路。

（一）铁路

铁路运输量大，一列列车能运送数千吨物资，运转速度快，占用人员少，受天候和季节影响较小。它是交通运输的主动脉。按其分布，凡贯通国土，沟通战区，连接大城市和重要港口，以及外连邻国与洲际的铁路干线，都具有战略意义。它能保障战役军团的调动，有利于战区间的作战协同，便于向敌方出击和防御，也有利于得到后方和友好国家的外部支援。战区内通往边境的铁路，一般具有战役意义，它是选择战役方向必须考虑的因素，因为只有铁路才能保障战役作战的巨大物资消耗和兵力的前运后送。

（二）公路

公路地形适应性强、选线灵活、修筑方便，是铁路的重要补充。它可贯穿战略、战役后方，连接每个战术地域，形成一定密度的公路网，因此能保障部队实时机动和遂行作战任务。按其分布，凡贯穿国土、连接战区、沟通大城市和港口的公路为国家级公路，具有战略意义，通常多为一级公路和高速公路，是战役军团实施机动、保障供给的生命线。省级公路，一般属于战役性道路，是省内交通干线，多为二级公路，它上接国家级公路，下连市、县级公路，是公路网的中间环节，对它们的控制程度，将影响省或战区内的纵横向联系和机动。市、县级公路，属于战术公路，多为三级，满足战术兵团以下部（分）队机动使用。乡、镇公路，是沟通县、乡、村等居民地的支线公路，多为四级，它波及的地域相对较小。

（三）其他道路

其他道路通常作为部队徒步行进、穿插迂回、选择急造军路和由行进间发起进攻时的逐次展开通路。

分析道路时，主要分析敌防御地域内纵、横向道路的数量及通行能力，对敌我双方机动突击、实施保障的影响。

五、陆地水系

对陆上作战影响最大的水体是江河运河、水渠、湖泊、水库、沼泽、沿岸水网稻田地等。水系影响作战行动的主要因素是水宽、水深、流速、底质、岸质、水质和水体特性。

（一）江河、运河和水渠

江河、运河和水渠是线状水体，主要以其障阻性对军事行动构成影响，且以江河的影响最大。横向分布的江河，如位于正面，则构成防御的屏障，进攻的障碍；若位于纵深，影响前后机动与支援。纵向江河，位于翼侧可形成屏障；位于战场中部，将割裂战斗队形，不便于左右机动与协同；若能航运，可构成水上通道。弯曲的河道，利于选择渡河位置，通常以江河弯向己方的河段为渡河点，以便得到己方河岸两前伸部位上的火力支援。

运河、水渠，多出现在平坦地区，形成障碍。渠底高于地面时，便于制造水障；高大的岸堤，既是机动的障碍，又可依其构筑工事。运河、水渠一般规则平直，便于选定克障措施。

（二）湖泊、水库

湖泊、水库是面状水体。以其水域的大小，对机动构成不同程度的影响。湖泊在汛期，湖面扩大，湖周围易形成沼泽，沿湖边运动困难；湖边生长的喜水植物（如芦苇），对部队机动、观察、射击不利；若湖面大范围长有高杆植物，则宜于开展水上游击作战和实施隐蔽袭击。大的湖泊，对进攻形成障碍，要么绕过，要么乘舰船实施水上攻击；对防御，则构成天然屏障。

水库，可能制约城市供水；战时一旦溃坝，蓄水将倾泻而下，淹没大片范围形成水障，局部地形会改变形态，影响部队机动与作战。

(三) 沼泽

沼泽是机动的天然障碍。任何车辆和重型装备要通过沼泽地，必须经过艰巨的工程作业。步兵运动时，当泥炭层深度小于0.3~0.5m，水潭不超过总面积的20%时，不使用辅助工具即能以密集队形通过；水潭面积为总面积的20%~50%，则只能以分散的队形在沼泽中突出的小草丘上跳行，通行困难；如果水潭面积大于50%，水深、泥厚，沼泽中的漂筏甸子不能支持人体重量时，人畜均不能通行。沼泽通常是防御的屏障，进攻的障碍，但采取一定的克障措施，也可能成为攻方出奇制胜的地形。

(四) 沿岸水网稻田地

沿岸水网稻田地，地势平坦，展望良好，视界和射界较开阔，但不易选择良好的观察所、指挥所和阵地；部队连续通过泥泞稻田，体力消耗大，运动速度低；水网稻田地，有水期较长，泥泞淤陷，地下水位高，不易构成坚固的工事；防御阵地的配置，易受水网分割。江河、沟渠众多，由于河渠交错，岸陡水深，河底淤泥，形成开阔的断绝地形，严重影响部队机动，不便于指挥、联络和协同。分析水系时，主要分析河流水系数量和主要位置、走向情况，以及对敌我双方向战斗行动的影响。

水系对部队运动构成障碍。横向江河越多，进攻时克障或收拢部队组织强渡的次数就越多；防御时则可获得多道天然屏障。宽度越大，强渡的难度或防御的稳定性就越大。战场水域面积越大，越野机动的难度越大，甚至必须使用特殊装备和采用特殊战法。水系分布过密的地区，进攻战斗，迫使指挥员把研究地形的重点放在克服水障，选择渡口和组编抢渡、潜渡突击部队上；防御战斗，指挥员思考的重点是，利用江河设防和控制渡场，歼敌于水面近岸。缺水地区，则常把作战方向选择在有水源的方向上，并以寻找水源、解决储水、供水为重要保障内容。

六、植被

植被主要以不同的群落对作战行动产生影响。植物群落是指在一定的生长环境中，一定植物种类有规律的组合。

(一) 森林

森林是植被要素中，对作战行动影响最大的一种群落。其乔木成片聚生和群落结构成层的特点，对战斗车辆越野机动形成障碍，且易迷失方向；茂密的树冠，使林区具有良好的隐蔽、伪装和防护条件。因此，森林地区作战，利守不利攻，特别适宜步兵抗击具有装甲优势之敌的进攻。防御战斗，通常在林内距林缘不太远的有利地形上，就地取材构筑工事，设置障碍，建立支撑点式防御阵地，实施依托支撑点的近距离运动防御作战，以自身有利的隐蔽条件，杀伤林外暴露进攻之敌；也便于实施游击战、伏击战；但开阔地上的小片森林，易成为对方的集火目标，一般不宜在那里设置阵地。进攻战斗，适于用装甲部队夺占林缘，先夺取森林突出部，以摧毁敌人可能构成侧射与交叉火力的阵地，获得与守方相同的森林条件，而后再以摩步兵向纵深发展进攻。

(二) 灌木林

密集灌木林对部队机动构成较大影响，轮式车辆一般不能通行，履带式车辆运动速度降低 1/2，步兵运动困难，在有刺密集灌木林中运动，会划破衣服和装具，刺伤皮肤，容易迷失方向；观察、射击受到极大限制，隐蔽条件（除高大军事目标外）较好；防护作用虽与森林作用相近，但易引起火灾。因此，密集灌木林分布地区，通常不会成为主要交战地域，多用于隐蔽接敌或潜伏。

(三) 其他

竹林，影响部队机动、观察和射击，其影响程度介于森林与灌木林之间；高草地，具有一定隐蔽作用，对部队观察、射击也有影响；经济林，多经规划，排列整齐，林下植物稀少，相对利于运动，并具有一定方位意义。这些植物群落，除竹林外，通常对战术选择不构成较大影响。

分析植被要素时，主要分析群落类型、粗度、密度、高度、树种和植物特性等。

第四节 近海水文要素及其影响

近海水文要素的区域范围为两栖编队在近海展开起至滩线止，主要包括海水温盐密、水深及浅海障碍物、潮汐、潮流和海流、海浪、水色和透明度、海发光。近海水文要素对两栖编队、两栖装备的行动均有较大影响。

一、海水温盐密

海水温度是表示海水冷热程度的物理量。海水温度变化主要取决于季节、气候、海区的地理位置和海水的深度。海水温度的变化呈现"冬暖夏凉"特性。夏季海水温度低于空气，表层海水温度高于下层；冬季海水温度高于空气，下层海水温度高于上层。海温过高或过低均会造成人员和武器装备对环境的不适应。海水温度对水下特种作战及落水人员的存活时间影响较大，一般人穿着湿衣服在10℃的水中浸泡的耐受时间约45min，最大存活时间也不到1h，所以在寒冷季节海上落水人员必须要解决冷水浸泡的防护问题。水温与生存时间的关系如图2-10所示。

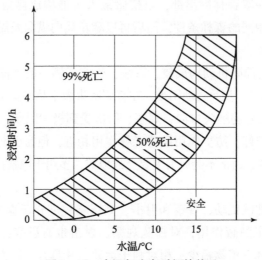

图2-10 水温与生存时间的关系

海水盐度是指1kg海水中含各种盐类的总克数，通常用克数表示。它是海水的物理、化学性质的一个重要参数。海水盐度在不同海区、不同深度是不同的。海水盐度大，附着在舰船上的寄生物则多；海水盐度小，附着在舰船上的寄生物则少。

海水密度是指单位体积内所含海水的质量，以 g/cm^3 表示。海水密度在不同的海区不同，在同一海区的不同深度也不相同。海水密度随海水盐度、深度的增加而增加，随温度的增高而降低。某一层海水的密度与其上下两层海水的密度显著不同，这一层海水称为飞跃层。飞跃层的厚度一般是几米到几十米。

二、水深及浅海障碍物

（一）水深

水深及碍航物对浅海或近岸登陆输送舰艇展开、两栖车辆及气垫艇泛水编波、上陆工具冲击上陆均有一定影响。水深应大于舰艇最大吃水深度。离海岸一定距离时，水深有一定的要求，一般不小于6m，同时了解水深5m、10m等深线距海岸的距离，以便选择火力支援舰艇的停泊和机动范围。浅水区对登陆舰艇速度下降影响较大，上陆时浅水对车舵效应影响也很大，使舰首左右摆动，上陆航向不稳。

从保障航海安全角度考虑，航线附近的水深，一般应大于1.5倍舰船吃水，或大于吃水2m以上，如果个别航线水深达不到1.5倍舰船吃水时，应充分考虑浅水航行时舰体下沉。舰体下沉引起的吃水增量与舰船长度、舰体线型和航速有关。一般要为航速的5%左右。例如航速10kn，舰尾下沉约0.5m。大风浪中在浅水区航行，由于浪谷处水深变浅，为防止舰体触碰海底，安全水深应适当增大。

分析水深时，要考虑潮汐的影响，利用《潮汐表》计算潮时潮高会有一定误差，一般潮高误差可估计在0.2~0.3m以内，潮时误差在20~30min以内。分析图载水深时，要注意其可靠性。海图上水深点密集且排列整齐的区域，是经过系统测量的，图载水深比较可靠；水深点稀疏且无规律的地方，是未经系统测量的，选择航线时应注意；在小范围内水深变化剧烈，可能存在漏测的暗礁或是浅滩，海图上注有"水深变浅"和岛岸附近未测量的空白部分，选择航线时应尽量避开。在登陆战斗中紧急情况下如果必须通过浅水地段，只要实际水深大于吃水，浅水地段又不是太长，且是软底质时，航海人员可谨慎驾驶舰艇，慢速航行通过。

浅海研究范围由水深15m等深线至大潮低潮线的水下岸坡带，或由海岸线向海至12km范围内。由于泛水编波一般位于浅海区域，海底起伏剧烈，海底地形比较复杂，航道地形的斜面、暗礁、岩石、浅滩的分布，对各类舰船航行都有障碍作用。复杂地段能限制航行速度，会严重影响舰艇及两栖车辆、冲锋舟、气垫艇机动，特别是浅海区有暗礁、岩石滩时，更会造成登陆舰艇难以航行或抛锚。海底地形的变化特点可反映在航线的走向与方位上。航道的地形复杂地段或航道狭窄处是敌炮兵重点的打击位置，敌可利用海区地形特点，提高射击效果。

(二) 浅海障碍物

浅海障碍物主要有两部分：一部分为水中障碍物，一部分为水雷障碍。水中障碍物种类繁多，其中反舰船障碍物有水雷、轨条砦、海砾石、钢栅、钢刺猬、胡桃夹、填石栅、圆木三角桩、圆木栅、火海等。水雷障碍一般在水深15m以上设触发锚雷或磁感应水雷，水深5m以内设沉底水雷。它对航行中的舰艇有很大的威胁，直接影响登陆战斗。

另外，结合经济建设，抗（反）登陆方可在便于登陆地段修筑海堤、设置海蛎场、种植各种灌木丛等作为障碍物；利用水库（塘）、灌渠在低洼地造成局部水障区等，以达到阻碍登陆部队行动的目的。

开辟水上通道时，要对通道的作战环境进行分析，分析通道的容量（在一定时限内的通行量或展开程度），分析海通道的水深、宽度、海底地形等自然条件，判断上陆工具通过通道的能力，分析敌选择射击的可能时机，判断其布雷的方案。另外，在对港口进行夺占或特种袭扰时，要考虑一些港口航道狭窄、碍航物众多、港口地形等特点，以便对通信设施以及岸上导航设施提出要求。

三、潮汐

潮汐是海水受天体（主要是月球和太阳）引潮力作用而产生的周期性垂直涨落现象。准确地掌握潮高、潮时和潮汐变化规律，对确定登陆日和登陆时刻有着重要意义。潮汐是确定登陆和退滩时机，计算在滩头装载的工作时间，上陆时使用车速的大小，装卸载后退滩及压仓平衡调整吃水差的根据。

（一）高、低潮

高、低潮时刻及相应潮高是登陆战斗中选择装载点、登陆点最为关键的要素之一，指的是一天中潮高最高和最低的时刻及其对应潮高，半日潮港及不正规半日潮港一天中有两次高潮、两次低潮，而日潮港及不正规日潮港一天中有可能只有一次高潮和一次低潮。

一般情况下，登陆时刻应选择在高潮前某一时间段。就登陆日的选择而言，由于潮汐变化的周期性规律比较强，通常最高潮位时段每月只有1~2次。若错过，则可能要等待半个月或一个月。高潮时或低潮时登陆，均影响工兵开辟通路，滩头障碍通常高潮时淹没，不利于工兵观察，低潮时破障后，对通道维护的时长过长。

（二）潮差大小

潮差大小影响装载时间窗口的大小，如在潮差大的码头进行装载，装载时间会显著减小。在抵滩装载时，为避免登陆舰艇搁浅，一般情况下，将装载时间确定在高潮前 4～6h。潮差大小直接影响登陆舰艇的抢滩、退滩，影响登陆兵力的上陆和装备器材的卸载，也直接影响登陆部队上岸时的涉水距离和涉水深度。潮差的大小一般与海滩的形状和大小直接相关，潮差大的海岸一般潮流也较大。

在潮差大的地段，在高潮或接近高潮时登陆，登陆舰艇可利用向岸流，直接抵岸或在距岸较近的地方抵滩，超越敌在低潮设置的登陆障碍物，降低敌各种障碍物的威胁，也有利于登陆工具越过水中障碍直接登陆，使登陆兵上陆点前伸，减少登陆兵在海滩上的运动距离，提高上陆速度。但由于水位变化太快，如不能在较短的时间内完成第一梯队上陆，就会造成上陆的兵力不连续，因平潮时间相对较短，此时潮水已经转为落潮，落潮流减低排水型上陆工具的上陆航速，后续兵力还需要进行二次排障。另外，在高潮时登陆，会使已抢滩的舰艇，退滩发生困难。更容易使第一梯队受敌方火力的集中攻击，使我方兵力损失惨重。此外，高潮时登陆不便于观察和排除敌方高潮登陆障碍物，所以在一般情况下，选择潮差较小的海滩登陆。

若潮差小、涨潮速度慢，则便于敌方布设钢铁混凝土永久性障碍物，还会造成登陆舰退滩困难。故登陆舰抢滩卸载时要特别把握好抢滩登陆时的位置和冲击力，以免造成拥挤和退滩困难。

（三）潮汐变化规律

分析潮汐变化规律时，主要分析涨潮时间、落潮时间、平潮及停潮时间、高低潮高等，重点考虑登陆舰艇是否可直接抵岸或在距岸较近处抵滩，登陆兵是否可以迅速上陆，登陆工具是否可以超越敌方低潮登陆障碍物。

随着超越式登陆工具的发展，在选择登陆时机上，登陆抢滩不一定非要在高潮时，特别是在岛礁夺控作战中，由于岛礁大都礁盘底部大，顶部面积小，礁环多，构成了抗登陆的天然屏障，即使在高潮时登陆，排水型登陆工具也难以越过礁盘，否则会有触礁沉没的危险。潮水的大小，水位的高低对超越式登陆工具的影响也有所降低。相反，在低潮时登陆，更便于部队清除和破坏礁盘地带的抗登陆障碍，更便于登陆部队机动。因此，岛礁夺控作战中应更为详细分析潮汐变化规律，合理结合上陆工具特点来决定登陆 T 时刻。

（四）潮汐对泛水编波的影响

潮汐主要影响装载和上陆，同时也影响两栖车辆的气垫艇的泛水编波和先期破障及预先火力准备。首先，潮汐影响实时水深，对浅海区域或浅水航道的影响更为明显。对一些浅水航道，只能在高潮时通过，所以要利用潮汐确定通过浅水航道的时间。其次，潮汐引起海面水位的周期性升降，直接影响反登陆水雷深度的改变，对先期开展登陆海域扫雷工作有影响，扫雷舰在执行岛礁夺控作战海上扫雷任务时，要准确掌握海上水深变化，通常要求水位在高潮半潮面以上时才能作业，要利用潮汐计算海上作业时间。

（五）对待机及海上锚泊的影响

待机及锚泊应注意潮汐变化，舰艇在靠码头或是选择锚地时也应注意潮汐变化，靠码头时要根据潮差的大小确定系缆索的长度，值更人员也要随时注意观察，注意根据潮位的变化调整系缆索的长度。选择锚地时，除要考虑避风条件和海底底质等情况外，也要考虑潮汐的影响，在潮差大的海区选择锚地时须注意，既要防止低潮时造成搁浅，又要防止高潮时造成脱锚。

四、潮流和海流

按不同性质，流可分为海流、风生流和潮流。沿岸的流通常成分比较复杂，再加上海底地貌的影响，通常流的流向、流速在不同的地段有较大区别。在流速较大的海岸地带，会给登陆上陆行动造成较大的影响。一是影响舰艇保持预定航线，难以准确在预定地点上陆。二是影响航速，有时可能会使舰艇提前或推迟预期的行动，造成协同上的困难，甚至会造成较大损失。三是影响舰艇抢滩时的稳定性，致使舰艇不能稳靠抢滩，甚至会造成人员、装备无法下船。按照流对登陆作战的不同影响，可将其分为向岸流、背岸流和沿岸流。向岸流可以加快舰艇的相对速度，便于快速向岸接近，但有时会造成登陆舰艇由于抢滩过深而难以退滩；背岸流影响上陆冲击速度，但顶流航行便于舰艇的操纵，也便于退滩；沿岸流的影响主要是使舰艇不能准确地在预定点上陆，在流速较大时，还可能造成舰艇横位，这是最为不利的。因此，在登陆作战中，对海岸流的条件必须慎重选择，一般应选向岸流，也可选择背岸流，应力争避免沿岸流。因为向岸流和背岸流都各有利弊，所以还应避免在流速较大的地段上陆。

（一）海流

海流通常是指范围较大、相对稳定的水平方向的海水流动，按成因可分为风海流、密度流、倾斜流、补偿流等，对两栖作战影响较大的主要是沿岸表层流，即沿局部浅海海岸流动的海流，包括由于风力作用或河流入海作用而形成的沿局部海岸流动的海流，以及在海岸带由于波浪作用形成的近岸流系。中国近海有黄海沿岸流、东海沿岸流和南海沿岸流。

海流对海水中的船只、人员以及其他物体都有较大的影响，海流会影响舰艇的航速和航向，顺流可以提高航速，节省燃料，争取时间，但退滩困难，逆流和侧流将会降低航速，耗费燃料，延误时间，侧流还会影响航线，使舰艇偏离登陆点，并可能使登陆舰艇抵滩时，舰艇舷侧扒向海滩而造成横靠，登陆舰艇登陆时，一般要求流速不大于1kn，海流的流向决定着武装泅渡的方法。

(二) 潮流

潮流影响登陆舰艇抵滩或展开泛水计划实施，不充分估计会影响登陆战术的协同。抵滩登陆时，如不考虑流向流压的影响，就会造成操纵的困难，乃至登陆的失败。在坡度陡的海滩登陆时，舰艇着陆面积小，不易在滩上稳住，增加操纵困难。舰体越小越显困难，泥底更加明显。一般应选择岸边流速在0.5kn以下，最大不超过1kn的流速时间登陆。一般在沿海转流前后2.5~3h流速最大。登陆舰艇在抵滩时要尽可能顺应潮流的方向，若与潮流方向垂直而与海岸平行，则舰艇退滩时，由于潮流横冲舰船，会造成退滩困难。向岸流能增加登陆舰艇向岸冲击的速度，但带来退滩困难；背岸流则相反；沿岸流使得登陆舰艇在向岸冲击时难以保持航向，偏离预定的登陆点，还有可能使登陆舰艇抢滩时，将舷侧推向海滩，造成横靠，导致登陆舰艇与岸平行，阻塞登陆舰艇上陆通道。

(三) 裂流

裂流是一种从激浪带向海流动的强而狭窄的水流，由破波带（见海浪部分）向外海流动，靠沿岸流系维持。其由颈部和头部组成，如图2-11所示，由岸向海流速较大，宽度较窄的部分称为裂流颈。这种沿岸流大约在两相邻裂流之间的中部位置流速为零，而在刚刚向海转变为裂流之前达到其最大流速值。裂流流至一定的深度，水流向四周扩散，强度减弱，形成蘑菇状的裂流头。裂流常是破波带内外出事的原因，它可把无经验的游泳者带至深水，导致发生危险。因此，一旦游泳者进入裂流区域，需要平行海岸游动，以游出裂流区然后再向岸游回。裂流一般发生在海底坡度平缓的海岸，入射波多为规则的涌浪，裂流的规模与入射波的大小、方向有关，入射波强则产生较少较强的裂流，反之，则产生较多较弱的裂流，裂流是自海面至海底一致向海的流，离岸的距离可达50m以上，其长度为破波点至岸线距离的1.7~1.8倍，裂流颈部流速可达 1~2m/s，流速大且有强烈的冲刷力。

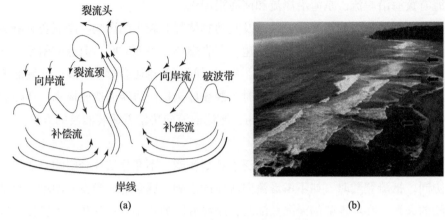

图 2-11 裂流示意及实地拍摄图

五、海浪

(一) 海浪和海况等级

海水在外力的作用下，水质点离开其平衡位置做周期性或准周期性运动，并带动邻近质点，导致其运动状态在空间的传播，周期通常在 1s~5min 之内。风浪是由当地风产生的，且一直处在风的作用之下的海面波动状态。其特征是：波峰尖削，在海面上分布极不规律，波峰线短，周期小，风大时常出现破碎现象，形成浪花。波面不规则、波峰陡、波峰线短、浪大时有白浪。涌浪是风浪离开风的作用区域后，在风力甚小或无风水域中依靠惯性维持的波浪，其特征是：外形比较规则，波面比较光滑，周期大于原来风浪周期，且随传播距离增加而逐渐增大。海浪等级也称为波级，是根据浪高来划分的，如表 2-6 所示。海浪等级采用波高来划分，通常在海上战斗中，更多采用海况或海情等级来确定海面状况，海况是指在风力直接作用下的海面外貌特征。根据视野内的海面状况、波峰形状及其破碎程度，以及浪花泡沫出现多少来确定，通常分为 0~9 十个等级，如表 2-7 所示。观测方法为目力观测，要求海滨观测避开拍岸浪带以外范围能见海面的征象，去除暗礁、浅滩及强流影响。影响海况的主要因素是风和浪的大小，与涌浪无关。海况等级以浪的外貌特征为主，波级以浪高为主。

表2-6 海浪等级划分

波级	波高范围/m		海浪名称	涌浪名称
0	0	0	无浪	无涌
1	$H_{1/3} < 0.1$	$H_{1/10} < 0.1$	微浪	小涌
2	$0.1 \leq H_{1/3} < 0.5$	$0.1 \leq H_{1/10} < 0.5$	小浪	
3	$0.5 \leq H_{1/3} < 1.25$	$0.5 \leq H_{1/10} < 1.5$	轻浪	中涌
4	$1.25 \leq H_{1/3} < 2.5$	$1.5 \leq H_{1/10} < 3.0$	中浪	
5	$2.5 \leq H_{1/3} < 4.0$	$3.0 \leq H_{1/10} < 5.0$	大浪	大涌
6	$4.0 \leq H_{1/3} < 6.0$	$5.0 \leq H_{1/10} < 7.5$	巨浪	
7	$6.0 \leq H_{1/3} < 9.0$	$7.5 \leq H_{1/10} < 11.5$	狂浪	巨涌
8	$9.0 \leq H_{1/3} < 14.0$	$11.5 \leq H_{1/10} < 18.0$	狂涛	
9	$H_{1/3} \geq 14.0$	$H_{1/10} \geq 18.0$	怒涛	

表2-7 海况等级及相应风级

海况等级	海面征状	波高范围/m	相应风级
0	海面光滑如镜,或仅有涌浪存在	0	0
1	波纹或涌浪和小波纹同时存在	0~0.1	1~2
2	波浪很小,波峰开始破裂,浪花不显白色而仅呈玻璃色	0.1~0.5	2~4
3	波浪不大,但很触目,波峰破碎;有些地方形成白色浪花(白浪)	0.5~1.25	4~5
4	波浪具有明显的形状,到处形成白浪	1.25~2.5	5~7
5	出现高大波峰,浪花占了波峰上很大面积,风开始削去波峰上的浪花	2.5~4.0	7~8
6	波峰上被风削去的浪花,开始沿着波浪斜面伸长成带状,波峰出现风暴波的长波形状	4.0~6.0	8~9
7	风削去的浪花布满了波浪斜面,有些地方到达波谷,波峰上布满浪花层	6.0~9.0	9~10

续表

海况等级	海面征状	波高范围/m	相应风级
8	稠密的浪花布满波浪斜面，海面变成白色，只有波谷有些地方没有浪花	9.0~14.0	10~11
9	整个海面布满稠密的浪花层，空气中充满水滴和飞沫，能见度显著降低	>14.0	12

海上无风时，无论海面有无涌浪，海况等级均为 0 级。一般海况等级比风级要小 1~2 级。虽然海况等级与波级无完全对应关系，但一般情况下可认为海况等级与波级相同。海况等级及相应风级如表 2-7 所示。海浪使登陆舰艇发生摇摆、偏航、中拱、中垂、淹埋、船体溅湿、震荡、螺旋桨空转和失速等现象，能使登陆兵晕船呕吐、行为能力下降，严重时，还会造成舰船的倾覆，影响编队航行和作战。大涌又会使在浅水区活动的舰艇触底搁浅，与风的影响相似。综合分析，海浪影响主要有：增加舰船航行阻力，降低航速，一般航速为 18kn 的船只，在 6 级海浪中顶浪航行时，航速降低 4kn，在 8 级风浪中顶浪航行时，航速降低 7kn。如风浪再大时就更低甚至完全不能前进。

对舰载直升机而言，海浪的影响主要表现为纵摇、垂荡和横摇，尤其是中小型舰艇在大风浪中摇摆剧烈，易使飞机滑落海中。

（二）拍岸浪

拍岸浪是由于海底地貌和海水运动所造成的一种向岸拍击的海浪，对两栖登陆作战上陆行动产生较大影响。拍岸浪对舰艇、两栖车辆抢滩的稳定性和安全有较大的影响，轻者会造成卸载和舰艇的退潮困难，重者可能造成登陆舰艇的损坏。

拍岸浪浪高较大时，有很大的冲击力，有时会超过 $20t/m^2$，对登陆舰艇、两栖车辆都有较大的破坏力，在选择海滩条件时，拍岸浪应越小越好。拍岸浪大小主要取决于海岸走向、地形、海域吹程、外海涌浪、风力与风向等。海岸水下沙坝，是拍岸浪破碎处形成的一种平行于海岸的水下垄岗地形。它使登陆舰艇无法直驶海滩，登陆兵下水后可能无法越过水下沙坝与海滩之间的水域。水下沙坝变化比较活跃，随不同的拍岸浪大小、浪向变化而变化。

由于波浪传播的特点,波向线最终都要垂直于海岸,在海岸凸出处,出现波向的辐聚,此处波高变大,拍岸浪的冲击力加强;在海岸凹进处出现波向的辐散,此处拍岸浪变小,冲击力变小,如图2–12所示。在选择锚地或登陆地点时,应注意海岸形态对波浪的影响。

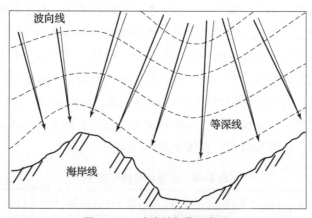

图2–12 波浪的辐聚和辐散

(三) 波碎带

海浪从开始发生翻卷破碎的地方到岸边称为海浪的波碎带。破碎后的海浪以破碎水流的形式继续向岸边传播,形成向岸流。由于波浪的波高和波周期并不相同,波在到达海岸时不会在相同的地方破碎。最大的波会在离岸最远的地方破碎,小一些的波会在离岸更近的地方破碎。因此,在波碎带中的任何地方,波浪传播到一定水深后,波能集中的程度超过波能的损失,波高开始加大,导致波陡加大,波峰波谷相对水深不同,波峰相传播速度大于波谷相传播速度,波峰向前移动,波的前坡变陡,波峰超过波谷而破碎。当波浪到达海滩并在水深与波高大致相当时,就发生破碎,波峰本身向前倾倒或崩解为气泡和浪花。通常认为波破有崩波、卷波和激波三种类型。崩波较安全,常出现在岸滩平缓、有掩护的海湾中以及高潮时的沙滩上。卷波发生在较陡峭的海滩上,会引起离岸流,通常在低潮位的沙滩上出现。卷波突然破碎,会以很大的力量将人员扔至海底,导致作战人员受伤,因此,在这种波浪中涉水上陆要非常小心。激波发生在陡峭的海滩,且在深水就发生破碎,非常危险,可能打翻上陆人员并将其拖至深水区。波浪的破碎现象若发生在大海中的暗礁、浅滩上,则表现为碎浪。碎浪有助于登陆舰艇及时发现水下的碍航物,确保航渡的安全。

六、水色和透明度

(一) 水色

海水的颜色是指位于透明度值一半水深处的白色透明度盘上所呈现的颜色,由各处海水的光学性质和所含悬浮微粒的颜色决定。海水的颜色是海水对太阳光线选择吸收和选择散射的结果,不同的海区海水颜色不同。海水的颜色不仅随季节变化而且在短时间内也经常变化,但是,某一海面有其一定的和主要的颜色。例如热带亚热带海水呈深蓝色,高纬度寒带呈蓝绿色。水色用水色计测定,水色计有深蓝到褐色21种不同的色级,由深到浅,依次排列。水色越蓝,色级号越小;水色越黄,色级号越大。习惯上称为水色越高,色级号越小;水色越低,色级号越大。具体如表2-8所示。

表2-8 水色计号码与颜色

水色号	1~2	3~4	5~6	7~8	9~10	11~12	13~14	15~16	17~18	19~20	20~21
颜色	蓝色	蓝色	天蓝色	绿天蓝色	天蓝绿色	绿色	黄绿色	绿黄色	黄色	褐黄色	黄褐色	褐色

(二) 透明度

海水透明度是指海水可透视的程度,通常是指将直径为30cm的白色圆盘放入海中,用肉眼在正常视力情况下所能见到的最大深度,用米表示。海水透明度和海水颜色一样,也是变化的,它是一个海区的特征之一,不同海区有不同的透明度。透明度大小与阳光的照射、水的混浊度、水中杂物性质以及浮游生物的多少有关。大洋的透明度可达60~70m,在近海非常混浊的海水中,则仅达几米。

海区海水的颜色和透明度,对两栖特种破袭和侦察行动具有较大影响。我国周边海域是黑潮流域,海水清澈,水色高,透明度大。海水透明度对选择输送潜艇的伪装颜色、计算潜没深度等具有较大影响。透明度大时,敌可利用飞机和目力或照相来搜索潜艇。另外,在登陆战斗和岛礁夺控战斗中,海水透明度大时对发现雷阵、沉船和暗礁十分有利。从海面到一定的高度内(几百米),透明度是随高度的增加而变大的。

七、海发光

夜间海面上出现的生物发光现象，称为海发光。由发光浮游生物、发光细菌或大型发光生物引起，使海面出现闪耀的或阵性的发光现象。海发光通常在夜间进行观测，有月光时不易准确判断。海发光类型分为火花型、弥漫型、闪光型三种，其特点是：

（1）火花型（H）：主要由 0.02~5mm 的发光浮游生物引起，是最常见的海发光现象。发光形态与萤火虫类似。当海面受机械扰动或生物受某些化学物质刺激时，发光比较显著，通常情况下，发光微弱。

（2）弥漫型（M）：主要由发光细菌引起，其发光特点是海面呈现一片弥漫的白色光泽。只要有大量细菌存在，在任何情况下都会发光。

（3）闪光型（S）：由大型发光动物（如水母或火体虫等）产生。这种发光动物通常是孤立出现的，发光呈阵性。在机械作用或某些物质刺激下，发光较醒目，当大型动物成群出现时，发光较显著。

海发光的强度等级，各海区不同，又有季节变化，按其发光的强度，分为 0~4 五个级别，具体如表 2-9 所示。

表 2-9 海发光类型及征象和等级

等级	火花型（A）	弥漫型（M）	闪光型（S）
0	无发光现象	无发光现象	无发光现象
1	在机械作用下发光勉强可见	发光可见	在视野内有几个发光体
2	在水面或风浪的波峰处发光明晰可见	发光可见	在视野内有十几个发光体
3	在风浪和涌浪波面上发光著目可见。漆黑夜晚可借此见到水面轮廓	发光著目可见	在视野内有几十个发光体
4	发光特别明亮，波纹上也能见到发光	强烈发光	视野内有大量发光体

登陆舰船在航行时可以利用海发光帮助航海人员识别航行标志及障碍物。夜间，当舰艇行进、泛水时能引起生物发光强烈，容易暴露行动。但在舰艇编

队展开，两栖上陆工具泛水编波时，根据尾浪生物发光的痕迹，可以使舰艇或两栖车辆较易保持队形。水雷、轨条砦、海蛎石等水际障碍等对海流的阻挡力，使这些物体附近的生物发光，会暴露障碍物的布设位置，有利于登陆兵突击上陆。海发光可能造成迷误，如个别强烈的闪光可能被当作远处行驶的灯船或灯光信号设备，鱼游动而发光的痕迹很像在水中推进的鱼雷痕迹。因此，当遇到光亮时，需要及时判明情况。海洋中有一些浮游生物，不仅能发光，而且能使某一海区海水的颜色和透明度发生变化。风平浪静时，舰艇在带有色调的海面上驶过，其痕迹会保留比较长的时间，飞机借这种明显的痕迹，可确定舰艇航行的方向。

海发光多发生在热带和温带海域，尤其是水温变化剧烈、年变幅较大的海区最为频繁和剧烈。例如在沿海和大江河入海区，聚集一种发光细菌，它们发出蓝色、黄色和绿色的光，强度较弱，当受波浪冲击时发光较为显著。单细胞有机体如夜光虫，能发出由无数白色、浅绿色或淡红色组成的闪光。在我国海区，南海海发光出现较多和较强。其主要发生在夏季，尤其在波浪冲击时发光较强。最大可达3级，分布随季节变化。秋冬季（10月—翌年3月）发光强度沿岸浅海区为2级，春夏季（4—9月）为1～2级。

第五节　气象要素及其影响

气象要素是自然环境要素中的主要组成部分，由于气象是决定海况的根本原因，所以两栖作战中对气象的关注往往比陆上行动要多。两栖作战的气象要素主要包括风、能见度、低云量、温度和湿度、昼夜及灾害天气等。气象要素影响登陆作战全过程，同时对部分近海水文要素有直接影响，如风影响海浪等。

一、风

（一）风力定义

风主要是指地面或海面空气的水平运动，对登陆作战影响较大的主要是海面上的风，简称海面风，指的是海面上10m处的平均风速及相应的最多风向。一般采用海洋调查上靠近艏部安装自动测风仪观测。海面风虽为气象要素，但与海流、海浪、海况等水文要素关系密切，也是影响登陆作战的重要因素。

(二) 风力等级及统计特征

风力等级一般采用蒲氏风级,共分为13级,如表2-10所示。除当日风力等级外,在登陆作战中还需要关注风的统计特征,主要包括强风频率和大风频率。

表2-10 蒲氏风级及征象表

风级	风名	海面浪高/m		海面状况	海面征象	陆地地面征象	风速		
		一般	最高				m/s	km/h	kn
0	无风	—	—	平如镜子	海面像镜子一样平静(无浪)	静,烟直上	0~0.2	小于1	<1
1	软风	0.1	0.1	微波	海面有波纹,但还没有白色浪顶	烟能表示风向但风向表不能转动	0.3~1.5	1~5	1~3
2	轻风	0.2	0.3	小波	浪纹虽小,但已很明显,波顶透明像玻璃,但不碎	人面感到有风,树叶有微响,风向表能转动	1.6~3.3	6~11	4~6
3	微风	0.6	1.0		波较大,波顶开始分裂,泡沫有光,间或见到白色波浪	树叶及微枝摇动不息,旌旗展开	3.4~5.4	12~19	7~10
4	和风	1.0	1.5	轻浪	小浪,波长较大,往前的白碎浪较多,有间断呼啸声	能吹起地面灰尘和纸张,树的小枝摇动	5.5~7.9	20~28	11~16
5	清风	2.0	2.5	中浪	中浪,波长相当大,白碎浪很多,呼啸声不断,间或有浪花溅起	有叶的小树摇动,内陆的水面有小波	8.0~10.7	29~38	17~21
6	强风	3.0	4.0	大浪	开始成大浪,波顶白泡沫飞布海面,呼啸声大(可能有少数浪花溅起)	大树枝摇摆,电线呼呼有声,举伞困难	10.8~13.8	39~49	22~27

续表

风级	风名	海面浪高/m 一般	海面浪高/m 最高	海面状况	海面征象	陆地地面征象	风速 m/s	风速 km/h	风速 kn
7	疾风	4.0	5.5	巨浪	海面像由波浪堆积而成，碎浪的白泡沫开始成纤维状，随风吹散，飞过几个浪顶	全树摇动，大树枝弯下来，迎风步行感觉不便	13.9~17.1	50~61	28~33
8	大风	5.5	7.5	猛浪	中高浪，波长更大，随风吹起的纤维状更为明显，呼啸声更大	可折断树枝，人向前行感觉阻力甚大	17.2~20.7	62~74	34~40
9	烈风	7.0	10.0		高浪，泡沫纤维更为浓密，海浪卷翻，泡沫可能影响能见度	烟筒及平屋房受到损坏，小屋遭受破坏	20.8~24.4	75~88	41~47
10	狂风	9.0	12.5	狂涛	大高浪，波浪成长形突出，纤维状泡沫更为浓厚，并成片状，海浪的颠簸好像槌击，浪花飞起带白色，能见度受影响	陆上少见，见时可使树木拔起或将建筑物损毁	24.5~28.4	89~102	48~55
11	暴风	11.5	16.0	非凡现象	特高浪，中小型的船在海上有时可能被浪所遮，波顶边缘被风吹成泡沫，能见度受影响	陆上很少，有则必有重大损毁	28.5~32.6	103~117	56~63
12	飓风	14.0	—		海浪滔天，空气中充满泡沫和浪花，海面因浪花的飞起成白色，能见度急剧降低	陆上绝少，其损毁力极大	32.7~36.9	大于117	大于63

1. 强风频率

强风是指 6~7 级，即风速为 10.8~17.1m/s。中国近海有三个强风区和三个次强风区。

2. 大风频率

大风是指 8 级以上，即风速大于等于 17.2m/s。大风频率和强风频率的分布相似。

(三) 风对登陆作战的影响

1. 对舰艇编队及上陆工具海上航行的影响

登陆编队、两栖舰艇及冲锋舟、气垫艇等在海上航行时因受风产生的漂移速度，与风向、风速、船速、水上及水下侧面积比等有关，正横受风时，漂移速度与风速及水上水下侧面积比成正比，与航速成反比。强风使登陆舰艇及上陆工具偏离计划航线、改变预定的航速。大风可使舰船摇摆，不易操纵，难以保持运动方向，难以按照计划到达预定地点，特别是当展开、编波海区较为狭窄时，或者进出港湾、靠离码头、拖带情况时，会使舰船发生搁浅和碰撞。大风影响两栖车辆海上火力支援效果。岛礁夺控登陆作战中的舰船编队主要是由登陆舰艇组成的运输编队再加上侧翼防护和攻击敌方力量的水面驱、护舰艇。而登陆舰艇一般航速较慢，若风速过高，则舰艇航速更低，无法保证快速突击，顺利完成任务。因此，在制定计划航线时应充分考虑风的影响，尽量避开大风区域。

2. 对预先舰艇及火力破障的影响

海军水面舰艇火力突击破障主要使用舰艇清除水面水雷和深水水雷。扫雷艇排水量小、续航能力差，受海洋水文气象的影响较大。当海况超过一定程度时，无法完成扫雷任务。

3. 对垂直登陆的影响

对于两栖作战力量而言，垂直登陆主要指的是利用武装直升机、空中机降等方式直接越过敌方严密防守的滩头阵地，在敌方防守较薄弱或者是直接在敌方后方重要目标进行登陆，从而对敌进行攻击，达到减少我方损失、直接攻击敌重要目标、达成战术或战役上的突然性目的，或者是达成战略目的。风影响飞机起飞、飞行和着陆。起飞和着陆时必须根据地面的风向和风速选择适宜的起飞、着陆方向。阵风会对飞行操纵带来困难。大气湍流可以使飞机在飞行时产生瞬间的或长时间的颠簸，轰炸、射击不易命中目标，当湍流尺度相当时，颠簸更剧烈。飞机对湍流的响应同飞行速度、飞行姿态和载荷等有关。

伞兵实施伞降对气象条件有严格的要求，应根据当时的气流、风向、风速的综合因素来操作。风速太大或出现垂直风切变会使伞兵偏离预定登陆场，可能落入危险地带。风速过大还会增加伞兵接地速度，造成危险。一般情况下，当空中风速过大时不宜实施空降。由同一时次不同高度的风求出的合成风,称为厚度合成风或垂直合成风。厚度合成风在伞降气象保障中有重要应用,伞降的修正计算,需要使用由地面到飞行高度间的合成风,以确定运输机伞兵投送位置。垂直风切变过大或不稳定会使伞兵着陆点散乱,难于集结。

二、能见度

(一) 能见度等级

能见度是指由于雾、雪、降水、烟、霾、风沙和浮尘等天气或现象对目视的影响程度,反映大气透明度的指标,通常定义为具有正常视力的人在当时天气条件下,能够看清目标轮廓的最大距离,能见度与昼夜没有关系,天气一样时,白天与夜晚的能见度是一样的,分为10级,如表2–11所示。

表 2–11 能见度等级表

能见度的特征	等级	可能的天气现象或水天线情况	能见距离 /n mile	对舰艇航行的影响
能见度低劣	0	雾、雨、雪、轻雾	0~0.025	雾号、减速、雷达导航
能见度低劣	1	雾、雨、雪、轻雾	0.025~0.1	雾号、减速、雷达导航
能见度低劣	2	雾、雨、雪、轻雾	0.1~0.3	雾号、减速、雷达导航
能见度不良	3	雾、雨、雪、轻雾	0.3~0.5	减速、雷达导航
能见度不良	4	雾、雨、雪、轻雾	0.5~1	减速、雷达导航
能见度中等	5	水天线完全看不清(雨、雪、轻雾)	1~2	正常航行
能见度中等	6	水天线看不清(雨、雪、轻雾)	2~5	正常航行
能见度良好	7	水天线可以看出	5~11	正常航行
能见度优良	8	水天线比较清晰	11~27	正常航行
能见度异常优良	9	水天线异常清楚	27以上	正常航行

注:1 n mile = 1852m

(二) 能见度对登陆作战的影响

1. 影响准确登陆和着陆

在能见度较好的情况下,便于上陆分波和直升机观察,易看清敌岸,可以较准确地在预定地点上陆着陆。能见度不好时，易使上陆点和着陆点发生偏离，导致上陆着陆行动的失利。

2. 影响直接火力准备和火力支援的实施

火力准备和火力支援是登陆兵突击上陆或使用直升机着陆的重要保障条件。较好的能见度条件，有利于对敌岸上工事、火炮阵地以及各种防御设施进行准确的摧毁和有效压制。当能见度不良时，会因为火力准备未覆盖威胁区域而造成上陆着陆的困难。低能见度会影响舰炮射击精度，还会严重影响光学精确制导武器的使用，轰炸机无法识别目标会降低轰炸效能甚至伤及无辜。某些夜视器材也由于风沙、气溶胶微粒、霾、霰的影响，不能充分发挥作用。总体而言，能见度过低会严重影响火力打击的组织实施，难以达成预期的作战效果。

3. 影响排障和通道的开辟

在能见度较好的条件下，有利于快速排除敌滩头和水下障碍。不良的能见度使排障作业发生困难，特别是在人工排除时，易造成伤亡。

4. 影响协同动作的组织和控制

现代条件下，虽然观察器材有红外、激光和超视距雷达等，但由于参战舰艇数量多，作战行动既有海上又有陆上，敌情威胁大，不良的能见度不利于目力协同。在预定计划必须调整时，将单纯依靠电子观察器材保持协同，但在遭受电子干扰时会使协同无法组织。此外，不良的能见度还使一些非自行式重装备的吊载和驳运也比较困难。恶劣的能见度直接关系侦察照相效果的好坏以及成功与否，对战损及打击效果评估造成不良影响。相反，根据敌我兵力性能和训练水平，选择不利于敌行动和组织防御的雨、雾、低云等气象条件所造成的低能见度条件下登陆，易于达成登陆的突然性。

5. 影响登陆舰船航行时间

海雾使海上目力定向发生困难，为能及时发现和规避相向而行的船舶或顺利通过航海情况复杂的岛礁区、浅水区、航门水道，不得不降低速度。有统计表明，在恶劣的能见度条件下，舰船为保证安全航行而产生失速现象，平均失速率为30%~40%。雾中航行时间越长，总航行时间就越多。海雾对舰船定位、导航、规避等都有很大影响，舰船在雾、雨、雪等能见度不良条件下航行，在航海上统称为雾中航行。这些天气极大地降低了水平能见距离，对舰船航行特别是两船相会时的机动航行及编队航行有重要影响。其中，海雾是影响海面首要因素，无论是在大洋上，还是在港口，雾都会使能见度变得恶劣。在浓雾天气下，即使应用雷达等导航仪器，也仍有可能发生偏航、触礁和碰撞等海上事故。英国有人研究了 1958—1974 年间 2000 次海事碰撞中，有 60%~70% 是发生在有雾或雪、暴雨等能见度小于 1n mile 的天气条件下；日本曾经有人统计了 1953—1978 年发生的 910 次海损事故，其中 60% 发生在有浓雾的恶劣天气之下。

6. 影响直升机等垂直输送工具正常使用

云、雨、雾会极大地降低能见度，使运输机、直升机、三角翼动力伞等在浓雾和低云条件下难以起飞与降落。能见度还直接影响歼击轰炸机、轰炸机、强击机、武装直升机等遂行直接火力准备和火力支援。直升机突防时，当空中能见度较低时飞行员无法确定飞行高度，无法识别地面目标，无法到达预定登陆场实施空降，且容易发生撞机事故，直升机发动机吸入大量湿气影响发动机功率，有可能对发动机造成严重损害甚至发生空中停车事故，大雾中的高湿环境会对直升机上的电子设备产生影响，致使航电系统失灵。另外，大雾还会使飞行阻尼增大，减小续航距离。当能见度大于 18km 时，对直升机飞行安全没有影响；能见度越高，对直升机影响越小，当能见度小于 1km 时，对飞行安全构成严重威胁。

此外，还应当充分考虑月光条件，尤其是在实施垂直登陆时，应选择在满月时登陆，有利于组织机降和伞降。通常情况下，要求选择在良好能见度条件下登陆，便于目视登陆点，保证气垫艇在高速运动中能够有效冲击上陆。

7. 影响空中侦察行动的实施

侦察机主要靠侦察吊舱上的图像感测器获取信息。低能见度情况下预警机和侦察机难以起降，飞行过程中如果遇到低云、大雾等低能见度天气，导致地面目标常常被浓雾所淹没而无法识别目的区域，红外和可见光成像设备也无法使用。另外，浓雾还会严重干扰雷达波，影响无线电侦察和通信。大雾天气不但会使侦察效率大大降低，由于需要长时间低空侦察，还会危及侦察机自身安全。

三、低云量

（一）低云量定义

云按照云底高度可分为 4 族，分别为高云族、中云族、直展云族和低云族，其中低云族为云底高 1000m 以下。云量是指遮蔽天空的份数，把观测的天空分成 10 等份，云遮蔽了几份，云量就是几。云量可分为总云量、中低云量和低云量。低云量就是天空被低云族遮蔽的份数。低云的特征是云体浓厚，颜色灰暗，阳光不易穿过，往往伴有降水。

（二）低云量对登陆作战的影响

1. 对直升机的影响

低云量对直升机作战行动影响较大，同时也是影响航空兵火力打击的最重要因素之一。其中，低云对飞行安全影响最大。云底高度过低，飞机降落时，若云底在最低安全高度前提下，飞机仍可能在云中或云上飞行，驾驶员无法看清地面目标，导致飞机无法安全着陆，此时极易发生飞行事故。海区有低云时，云中飞行易产生积冰，影响飞机性能，给操纵带来困难，甚至会导致机毁人亡的恶性事故。

低云会对直升机的起降和航行产生重大影响。

2. 对登陆舰艇的影响

海上有浓厚的云层特别是低云时，不但使水平能见度变差，影响航行安全；而且在舰上难以用目力观察空中敌机，影响对空射击。

四、温度和湿度

（一）温度和湿度定义

温度是表示大气冷热程度的物理量称，实质上是空气分子平均动能大小的表现。温度的热能主要来自地面或海面，通常用摄氏温标计量。

湿度是表示空气中水汽含量或干湿程度的物理量，通常用水汽压、绝对湿度、相对湿度等表示，相对湿度使用较多，是指空气中的实际水汽压（即绝对湿度）与当时温度下饱和水汽压的百分比，其大小能直接表明空气距离饱和的程度，采用百分数来计量。

（二）温度和湿度对登陆作战的影响

1. 对直前破障及火力打击的影响

空气温度越高，炸药的热分解速度越快，当气温高达一定程度时，炸药分解速度将达到燃烧或爆炸所需要的速度，此时将发生爆炸。温度降低，则反应变化过程相反。空气湿度过大，容易使炸药受潮而失效。硝铵炸药的含水量超过 3%、黑火药的含水量超过 2% 将不能爆炸。气温影响导火索的燃烧速度，高温时燃烧速度快，使用导火索时应适当增加长度以保证安全，低温时则相反。雷电可引爆由电点火引爆线路连接的炸药，一般应避免雷雨天气下进行爆破作业。温度影响舰炮射击精度，炮膛内装药在不同温度条件下燃烧性能也不相同，温度高时，燃烧充分，炮弹射距远，温度低时则相反；影响导弹性能，温度高时推进剂燃烧反应活跃，打击距离远，但命中精度会降低；影响电子设备工作的稳定性，特别是精确制导武器和火控系统中的精密电子元件都易受温度影响而出现故障。但湿度大能增加烟幕的持续性，使舰艇能躲避雷达侦察和制导武器袭击。

2. 对垂直登陆作战的影响

高温、低气压直接降低飞机发动机的功率，减小了飞机起飞加速运动中的加速度和离地后的爬升率，从而导致飞机的安全性能恶化和操纵困难。低温天气还可能出现冻雨或雪造成飞机跑道结冰，影响飞机安全起降。直升机冬季飞行时，易造成发动机结冰。当发动机结冰时，其正常工作遭到破坏，工作状态就会出现不正常现象。随着不正常现象的加剧，发动机工作条件就会不断恶化而导致停车。直升机上的航电设备也对温度变化非常敏感，所以过高或过低温度下的飞行要特别注意。

3. 对登陆兵的影响

高温条件下人员体力下降，容易脱水或中暑，影响行军速度和距离，甚至造成非战斗减员；低温会造成人员机体灵活性变差，反应迟缓，会使伤病员增加。

五、昼夜

昼夜条件对登陆作战的影响主要体现为能见度条件的不同。夜幕是军事行动的天然障碍，夜间登陆向敌岸隐蔽接近，可取得先敌制胜的效果。现代高技术条件下作战，由于夜视器材的发展和装备部队，夜间战场变成透明战场。对于技术水平不同的作战双方而言，高技术一方，暗夜变成了取得胜利的有利条件。

昼间登陆优点是便于我观察，可以较准确地在选定的地点上陆、着陆；便于舰艇、航空兵有效地遂行直接火力准备和火力支援；便于展开、编波和突击上陆；便于观察敌障碍情况和扫雷破障；便于我组织协同动作和遂行岸上战斗。其缺点是隐蔽性差，不易达成突然性，同时也便于敌人观察，便于敌组织兵力、火力实施抗击。夜间登陆优缺点同昼间登陆相反。

六、灾害天气

(一) 寒潮

寒潮是灾害性天气之一。侵入中国海区的寒潮，显著的天气表现是：大风和骤烈降温，常伴有雨雪、霜冻、冰冻或大浪等，直接影响登陆作战活动。每年9月中旬至翌年4月，源于北冰洋新地岛附近的冷空气，经过西伯利亚堆集而成为冷高压，沿着高空西北气流入侵中国海区。但并不是每次冷空气南侵都叫寒潮。我国气象部门规定："凡24小时内气温下降10℃以上，而最低气温在5℃以下的冷空气爆发过程叫寒潮。"后又补充规定为"海上有三个海区出现6~8级大风"者才称为寒潮。不及此标准的，通常称为冷空气活动。寒潮导致气温骤降，降低登陆舰艇、上陆工具使用效能，甚至造成非战斗减员，不利于登陆作战。

(二) 热带气旋

热带气旋是一种极其严重的、恶劣的天气，它带来狂风、暴雨、巨浪、大潮，且有骇人的破坏力，对海上作战影响极大，迫使舰艇避泊港湾，飞机不能起飞，登陆作战活动陷于停顿。特别对航行中登陆舰艇危险最大，往往有折断或倾覆的威胁。热带气旋是发生在热带洋面上的闭合气旋性涡旋的统称。它以中心附近地面平均最大风力划分成4类：热带低压（<8级）、热带风暴（8~9级）、强热带风暴（10~11级）和台风（>12级）。影响中国海区的热带气旋源地有：①菲律宾以东至马里亚纳群岛附近洋面；②南海的西沙群岛、中沙群岛附近海面。随着季节的变化，热带气旋的发生地区也略有变动。热带气旋发生期间，不适宜进行登陆作战。

(三) 风暴潮

热带气旋或温带气旋等天气系统在海面引起的强烈扰动，将使海水形成波长很长的波动，导致海面变形，同时出现很大的起伏，这种现象称为风暴潮。其中，由热带气旋引起的风暴潮潮位有急剧的变化。我国夏秋两季的风暴潮可遍及中国沿岸，且发生次数在全球最多，强度最大。风暴潮能引起潮位急剧变化，变化可达2m，对登陆作战产生较大影响。

第六节　战场网络电磁环境要素及其影响

战场网络电磁环境由信息网络环境和电磁环境构成，简称网电环境。

一、战场网络电磁环境的概念

（一）战场电磁环境

战场电磁环境是指战场空间存在的所有电磁现象的总和，即各种电磁现象作用于战场空间而形成的电磁环境。随着各类对电磁环境有影响和易受电磁环境影响的武器装备在战场上的大量运用，战场电磁环境与作战活动的关系越来越密切。一方面，登陆作战一般为联合作战，会使用大量产生电子辐射的武器装备，使得战场空间中的电磁现象纷繁复杂，即战场电磁环境日趋复杂化；另一方面，信息化武器装备的正常工作离不开存在的电磁环境，但又容易受到战场电磁环境的有害影响。

（二）战场信息网络环境

战场信息网络环境是指战场空间中敌我双方存在的无线通信网络、指挥信息网络、卫星通信、短波、长波、光缆通信、数据链、中继网络等网络线路的总称。信息化条件下的登陆作战指挥复杂、要求高、时效性高，对敌我网络环境的客观充分分析及趋利避害提出了更高的要求。

二、战场网络电磁环境的构成

战场网络电磁环境与其他作战环境要素一样，是客观存在的，它是由若干个构成要素支撑起来的无形空间。两栖战场网络电磁环境主要由信息网络、人为电磁辐射和自然电磁辐射组成。

（一）信息网络

信息网络是由各类无线通信、有线通信、互联网、指挥网、计算机网等组成，信息网络终端可能部署在地面、海上或舰艇上，网络空间环境即由这些链路与节点构成。通过分析影响其功能的数据传输、节点和基础设施，来达到分析信息网络环境的目的。信息网络空间与自然空间不同，网络空间由众多小型化、多样化的系统构成，信息网络环境构成了一个虚拟的不可见的作战空间领域。美军在联合地面作战中的网络电磁行动包括构建、运行和防护网络；攻击并利用敌方网络系统，通过网络行动获取对态势的了解以及保护网络作战人员和平台安全等。

（二）人为电磁辐射

人为电磁辐射主要是指由人类平时生产、生活以及军事行动产生的电磁活动和辐射现象，即为了实现一定的作战目的而由人工通过发射天线向空中特定区域辐射电磁信号的电磁活动，是战场电磁环境的主要构成因素，决定着战场电磁环境的存在形态和能量分布，也是控制战场电磁环境的内因。其主要包括无线电设备电磁辐射和非无线电设备电磁辐射。

1. 无线电设备电磁辐射

无线电设备是以发射和接收电磁波的形式来完成任务的设备。无线电设备电磁辐射是指以保障己方顺畅的通信、侦察、测控、制导、识别等信息获取、传输和利用等为主要目的的电磁辐射，战场上无线电设备电磁辐射主要包括通信辐射源（无线电台、微波接力站、移动通信站）、雷达辐射源（雷达站、导航台、遥控遥测站）、卫星辐射源（卫星通信站、卫星定位站），以及广播电视系统等所发射的载有特定信息的电磁辐射。此类电磁辐射是战场电磁环境的直接制造者，也是构成两栖电磁环境的主要因素。

2. 非无线电设备电磁辐射

除去无线电设备电磁辐射之外，还有一些影响电磁环境的人为设施，它们并不需要以发射和接收电磁波的形式来完成各自的功能，但在运行过程中，却无意而又必然地产生电磁辐射，这类设备的电磁辐射称为非无线电设备电磁辐射。

（三）自然电磁辐射

自然电磁辐射主要是指自然界某些自然现象引发的电磁辐射和电磁活动。它既包括突发性电磁辐射，又包括持续性电磁辐射，波长各异，强度不一，动态变化，与人为电磁辐射相互交织、相互影响、相互作用，是构成陆战场电磁环境的重要组成部分。在自然电磁环境中，静电、雷电、地磁场、太阳黑子活动、宇宙射线等产生的电磁辐射，对战场上信息化武器装备的作战效能的发挥具有显著的影响和制约作用。尤其值得注意的是，这些自然电磁辐射对短波、超短波通信的干扰现象比较严重。

三、网络电磁环境对登陆作战的影响

随着无人侦察机、战场侦察雷达、战场侦察电视等多种电子侦察设备在特种作战行动中的不断运用,敌我双方侦察与反侦察的激烈较量将逐渐拓展到电磁领域。复杂网络电磁环境下,敌人建立了抗干扰能力强、自我识别能力强、自我防护能力强、自我诊断能力强的综合情报防护网,常规手段无法满足全部的情报需求。两栖可以通过渗透到敌人纵深,运用局部技术优势的电磁设备,对敌人展开电磁侦察,突破敌方的电磁屏蔽防护,以捕获常规侦察手段无法获取的情报信息。登陆作战的快节奏和战场情况的瞬息万变,对情报传输的要求很高。因此,登陆作战注重与敌人在电磁领域展开对抗,运用声、光、电磁等多种侦察技术手段来获取关键情报,使战场情报综合处理系统避免敌人电磁干扰,将各种侦察手段所获得情报自动处理后迅速上报,可以极大地提高情报的可靠性。

(一)对登陆作战行动的高效指挥、实时控制变得更加困难

信息化条件下,对登陆作战行动进行指挥控制,需要准确掌握登陆作战战场情况。而要准确了解登陆作战的战场情况,指挥员必须拨开层层战场电磁"迷雾",掌握真实的战场动态。在实施登陆作战过程中,应采取各种措施始终保持与登陆作战部队通联,从而督导登陆作战部队及登陆作战支援保障部队,在规定的时间、空间范围内完成担负的任务。在复杂的电磁环境下,与上级协同和本级协同都会受到干扰与破坏。

(二)侦察情报信息获取、传输容易受到误导和干扰

信息化战场上,敌对双方电子设备的广泛使用,使电磁信号的密度与种类不断增多,电磁信号的功率与频谱域值也不断增大,各种电磁辐射会对以电磁为基础的情报侦察、信息传输产生较大的影响。一是对侦察信号产生误导。登陆部队在实施雷达侦察时,敌我双方众多的雷达侦察装备和电子干扰设备所发射的电磁波,能形成较强的干扰,并会产生许多误导信号。在使用传感器侦察时,特别是使用电磁感应传感器侦察时,所侦察区域可能存在许多磁源,作战空间弥漫电磁信号,这些将使传感器系统出现错误的侦察信号。二是对侦察情报传输形成干扰。登陆部队所侦察到的情报信息,通常都是以电磁信号进行传输的。无论是无人机的侦察回传还是战场侦察电视由中继向终端传输,都很容易受到复杂电磁环境的影响,受到干扰。

（三）登陆部队与火力单元、友邻的协同更加困难

登陆作战通常是联合作战，其他作战行动的协同较多。在预先火力打击中，通常由陆战特种部队对打击行动实施引导，通过引导和对毁伤效果进行评估，可大大提高精确火力打击的效率。对精确火力实施引导、毁伤评估时，特种侦察引导组与火力单元直接通联，或者特种侦察引导组与指挥中心直接通联，能充分提高火力打击的实效性。而侦察引导组与火力单元是在较远距离、以电磁信号为主建立的通联，很容易受到战场复杂电磁环境的影响，从而影响特种引导分队与火力打击单元快速有效的协同。此外，在破障行动、舰艇火力支援行动、各水面突击群、超越突击群、垂直突击群之间的协同更为频繁复杂，对网络电磁环境的依赖性更强。

第三章 两栖作战环境战术效力分析

本章介绍两栖作战环境战术效力概念，分别从机动、观察与射击、隐蔽、指挥控制、构工与防护等方面展开分析。两栖作战环境战术效力体现了作战环境要素对两栖作战行动、武器装备的影响，是两栖作战环境分析体系的基础，是面向任务作战环境分析的前提条件。

第一节 两栖作战环境战术效力概念

作战环境分析的详细程度取决于任务、敌军与我军的总体能力（摘自"美军联合作战环境情报准备"），分为战略、战役、战术三个级别，战术级别一般由中高级战术分队实施，最低为营级。必要时，初级战术分队指挥员也要进行战术级作战环境分析，尤其是在作战实施过程中的作战环境分析。掌握作战环境战术效力分析是进行两栖作战任务分析的基础，只有熟练掌握并融会贯通其理论和方法及应用场景，才能在战斗实施过程中快速、准确地开展作战环境分析，以达到趋利避害，甚至利用作战环境取得战斗胜利的目的。

一、两栖作战环境战术效力的定义

军事地形学中地形的作战性能指的是地形对作战行动的影响，是各地形要素影响作战行动的叠加，是地形及地形各要素对谋划、组织、准备、实施战争（或战斗）诸方面所表现的影响性质、特征及大小。根据作战行动的层次分为地形基本作战性能、地形的战术性能、地形的战役性能和战略性能。刘晓静提出了武器装备作战环境效益的概念，指的是作战环境对武器装备适用性、可信度、打击精度、侦察能力、毁伤率、反应能力、抗干扰能力等性能的影响。

结合以上概念，涉及战斗力构成六要素（指挥控制、机动、火力、防护、侦察、保障），本书提出了两栖作战环境战术效力的概念，指的是两栖作战环境及其要素对两栖战术运用及装备使用的影响叠加，是两栖作战环境及其要素对部队机动、观察与射击、隐蔽与伪装、阵地要点及指挥所选择等的影响性质、影响程度等。作战环境战术效力分析是针对具体战术动作的分析，它不同于要素的基本作战效力分析，后者不考虑具体的作战行动，是一种一般性规律的体现，前者顾及具体战术动作，是一种综合分析，但又有别于面向任务的作战环境分析，不涉及具体作战样式和作战行动，主要围绕战斗力构成要素展开分析。

二、两栖作战环境战术效力的内涵

（一）两栖作战环境的基本作战效力与战术效力的区别

两栖作战环境是不同环境要素不等量的自然组合。两栖作战环境对作战行动的影响，是各环境要素影响作战行动的叠加。所以，两栖作战环境及环境各要素对谋划、组织、准备、实施战争（或战斗）诸方面所表现的影响性质、特征及大小，称为两栖作战环境的基本作战效力。

两栖作战环境的战术效力是作战环境对战术兵团、部队、分队组织实施战斗时的影响特性。它是在战斗背景的条件下，从战术要求出发研究两栖作战环境的影响方面和影响特性，评估作战环境对战术运用的利弊，以决定对作战环境尤其是地形的改造、利用或规避的方案。进攻时，分析可供选择的目标以及夺取目标可供选择的接近路，从而评价并确定出最终夺取的目标和接近路。防御时，包括作战环境对阵地的选择与编成，要点的选定，主次防御方向与两翼的确定，前沿位置的确定以及改造作战环境、范围、形式及措施的影响等。

两栖作战环境战术效力分析是在对战斗地区进行基本作战效力分析的基础上，结合敌情、任务和企图，在战术范围内所进行的有针对性的作战环境分析。其任务是对战斗区域的作战环境提供具体的利用、改造方案或建议。两栖作战环境战术效力分析，一般按地形单元进行，对同一地形单元的不同战术运用可做出作战环境利用时的利弊评价，对不同地形的相同战术运用也可作出评价，以取其优而弃其劣。

（二）作战环境作战效力的起源与发展

作战环境作战效力的概念，是随着武器发展的各个阶段和战争理论、战争规模的发展而演进的。自有战争以来，就有对地形作战效力的研究。《孙子兵法》中的论述应当是最早的。兵法中的行军篇、地形篇和九地篇，不仅从行军、布势和作战三个环节上对地形类型作了划分，更有指导意义的是根据地形的不同特点和影响论述了不同地形上的用兵之道。

1. 地形作战性能及战术性能的起源与发展

孙子根据当时战争所及的空间，把影响行军的地形分为四类，即山地地形、水网地形、沼泽地形和平原地形。寓地形对作战行动的影响、利弊之趋避于用兵方法之中，言简意明。例如"绝水必远水，客绝水而来，勿迎之于水内，令半济而击之，利；欲战者，无附于水而迎客；视生处高，无迎水流，此处水上之军也"。对于布势，孙子将地形分为六类，以"地形篇"而定名，并逐类论用兵之道。他说："凡此六者，地之道也；将之至任，不可不察也。"军队的统帅、指挥官指挥作战不可不研究地形的作战性能。

对于作战，论述得更细，孙子将地形分为九类，精辟地论述了如何划分地形的概念及在九种地形上作战的要旨，进而得出"是故散地则无战，轻地则无止，争地则无攻，交地则无绝，衢地则合交，重地则掠，圮地则行，围地则谋，死地则战"的用兵结论。

战争推进了武器的更新和发展，武器的更新和发展则促进了地形作战性能的研究与发展。古代冷兵器近距离搏杀的作战方式，可以说战场地形给双方以同样的影响，对地形的利用则表现于居高阳，绝水必远水等局部客观表观地形。线膛武器出现以后，特别是到第二次世界大战，对地形的研究和利用有了较大的发展。武器射程增大，威力增强，作战效果更为显著，在战场上的反应时间大为缩短，进程加快，迫使作战方式和战术理论发生了根本变化。对地形的分析和利用既是战争实践的驱使，又反映了作战理论发展的需要。不仅要研究地形对战斗行动的影响，而且要找出有利的阵地地形，有利的武器发射位置。不仅要研究对轻型武器的防护，更要注意对重型武器杀伤的地形防护。这时对地形作战性能的研究围绕着战斗行动，研究地形对观察、射击、隐蔽、机动、障碍、工程构筑和伪装的影响，并主要表现为定性的认识和某些定量的研究。此时，明确地提出了地形战术性能的概念。

地貌起伏的频率，起伏间的高差，地貌的坡度和变形地貌所产生的地表切割、陡崖等，严重地制约了作战行动。在没有飞行条件的情况下，地貌的上述特征可以限制人员和车辆通行。土质的成分、颗粒及承受力与地貌的坡度、地表岩层的岩石结构和气候条件结合在一起，会限制、影响军队的作战行动，对于越野机动甚至会产生无法克服的困难，战时，居民地既可构成组织、准备、实施战争的基地和指挥所，也可成为平原、丘陵地形上的堡垒。特别是一些具有战略意义的大型居民地，将它与其周围地形和居民地联结成网后，往往成为绕不过、难攻克的巨大人工地形障碍。水系常用作防御的屏障，横置于前沿或两翼，迫敌渡水而战，待机半济而击；进攻时，则往往利用水系的纵向延伸，分割敌阵，隐蔽接敌，一举而成。用沼泽阻敌，占上游之堤闸站坝，制下游之敌军也是屡见不鲜的。在现代战争中，道路的数量和质量、长度和方向有力地制约着前后输送和战场机动。植被，无论是天然植被还是人工植被，都是良好的自然隐蔽物。特别是森林植被，其战术意义更大。森林具有良好的对地、对空隐蔽作用；具有自然的伪装和吸收、滞留毒剂的作用；大面积的森林虽便于隐蔽，却是通行的严重障碍；对核武器的杀伤破坏因素有相当的防护能力，但森林大火会带来第二次杀伤。由各环境要素不等量组合的作战环境，对作战行动的影响是各环境要素影响的叠加。这种叠加影响针对不同作战类型而表现出不同的影响形式和大小。

2. 两栖作战环境作战效力的起源与发展

地形是作战环境的一大类要素，也是影响两栖作战的主要要素之一，尤其是海岸地形，地形作战性能显然也是两栖作战环境战术效力的重要组成部分。此外，其他要素也具有重要作用，拓展地形作战性能，延伸到作战环境的每个重要要素是一种典型思路。

地形的主要要素包括地貌、道路、水系、居民地、植被、土壤等。除地貌外，均为地理实体，而水文和气象要素更多的是一种现象，类似于地貌（地表的起伏状态），如潮汐是海水的垂直涨落现象或者说状态，能见度是雾、光线等对物体反射可见光强度的影响程度。现象一般呈现面状特性，且相对于地理实体来说，大部分现象类要素的范围难于界定，从而提高了分析的难度。例如能见度，其本体是雾和光线，雾的分布范围精确度很低，分析时难以把控。有些现象类要素是精确的，如水深、地貌等，但在描述其分布情况时，也难以精确表达。

正是由于这种难以分析和表达，除地形以外的其他环境要素的作战效力分析研究较少，但由于其对两栖作战的重要性，尤其是海岸带涉及更多的水文、气象要素，本书拓展地形作战性能分析的内容，建立两栖作战环境战术效力分析框架体系。美军在《海洋学和海军特种作战：机遇与挑战》的报告中指出了气象和海洋（Meteorological and Oceanographic，METOC）对于环境要素研究能力的不足，以及虽然具有能力但还没有达到最优的情况。报告指出，当前METOC能力在支持海军特种作战上还做得不够，主要表现在深海温度测量、近岸测量、近岸流、光、内波、风、沉淀（液体）、海水透明度（浑浊度）、湿度（与大气波导或盲区相关的对通信的影响）、生物淤塞、海岸交通能力和生物发光等方面。具有一定能力但还没有达到最优的方面包括近岸测量、波浪、潮汐、云高、底质、海浪、离岸流、能见度、有毒物质和危险生物评估。另外，浅水区的环境状况相对其他作战区域更易发生改变。目前，海流、潮汐、暴风雨、沿岸沉积物传输和其他动态变化较快的因素，使得在这种地区制订的作战计划与其说是一种科学，不如说是一种艺术。为了能够有足够的信心对未来5~7天的情况进行预测，需要有高时空分辨率的数据。即使收集到再多的数据，这些地区某些变化过程的无规律性仍然会降低未来5~7天一些参数预报的精确性（由于海滩环境在小空间尺度上变化，连近岸水深测量都难以实施，更不用说进行建模了）。

由此可见，除地形要素外，水文、气象要素的战术效力分析、建模还需要更深入的研究。

三、两栖作战环境战术效力分析的内容

两栖作战环境战术效力分析主要围绕战斗力构成六要素（指挥控制、机动、火力、防护、侦察、保障）展开，主要包括：机动作战环境分析，观察与射击、隐蔽作战环境分析，指挥控制相关作战环境分析，构工与防护作战环境分析等。

（一）机动作战环境分析

机动作战环境分析包括沿道路机动分析、越野机动分析、海上机动分析、直升机低空突防路线分析等。道路机动分析主要分析沿道路机动时的环境影响情况，包括道路要素的战术效力，如道路的通过能力、对行军速度的影响等，道路的转弯半径，道路附属物，如桥梁的承重、宽度等。越野机动分析主要分析部队越野时的环境影响情况，包括分植被、水系、居民地、地貌等地形要素对机动的影响。海上机动分析主要分析两栖主战装备在海上泛水编波、发起冲击、抢滩上陆时的环境影响情况，包括海况、海上碍航物、岸滩坡度、岸滩底

质等的影响。

(二) 观察与射击、隐蔽作战环境分析

观察与射击、隐藏作战环境分析包括观察作战环境分析与射击作战环境分析，观察作战环境分析主要分析地貌、植被、天气等要素对观察的影响。射击作战环境分析主要分析地貌、水系等要素对射击的影响情况，以及射击阵地选择分析。

(三) 与指挥控制相关作战环境分析

与指挥控制相关作战环境分析主要包括作战时间选择环境分析；观察所、指挥所选择环境分析；防御阵地选择环境分析以及突击上陆行动中与协同有关的作战环境分析。

作战时间指的是战役或战斗发起时间，对于两栖登陆作战来说，包括 D 日和 T 时刻，其中 D 日主要以气象分析为主，水文分析为辅，重点分析海况、风力的影响。T 时刻则以水文分析为主，气象分析为辅，重点分析潮汐、沿岸流、拍岸浪、能见度等要素。

观察所与指挥所选择环境分析是相关的，主要分析上陆后观察所与指挥所的选址问题，影响要素包括地貌、土质、植被等。

防御阵地选择环境分析主要分析防御方向、防御要点、接近路、通道等，主要影响要素包括地貌、道路、植被、水系等。防御与进攻是一对矛盾体，在进行环境分析时是相辅相成的，在登陆进攻战斗分析时，实际上也是站在敌方的角度进行防御阵地分析，两者有很多相似之处，此部分内容将在后续章节中介绍。

(四) 构筑工事与防护作战环境分析

在扩大和巩固登陆场阶段，要进行构筑工事，防敌反冲击。其主要包括土质、地貌等对构筑堑壕、射击工事、观察工事、掩蔽工事、地形阻障物等的影响，以及各类工事的防护能力分析。

第二节 陆上机动作战环境分析

机动是军队战场主动权的体现。机动能力是衡量部队战斗力的重要指标，作战环境对两栖部队机动能力具有显著影响，两栖作战空间涉及陆地、海岸带、海洋，因此机动作战环境分析包括陆上沿道路机动分析、陆上越野机动分析及海上机动分析和直升机突防路线分析。在高技术装备的条件下，沿道路机动将是陆地战场的最主要机动方式；而对具体的战斗而言，越野机动占有极其重要的地位。沿道路机动受道路沿线作战环境的制约和影响；越野机动则更受环境的限制。对两栖登陆作战来说，泛水编波阶段在近海海区的海上机动以及突击上陆阶段的海岸带机动将具有重要意义，综合分析环境对机动的影响，就是要找出影响因素与特点，阐明分析的要点与方法，进而作出分析的结论。

一、沿道路机动分析

地面上供人或车马通行的途径，谓之道路。道路泛指两地之间的陆上通道，它是陆上交通线。道路包括铁路、公路以及一些未经规划而自然踏践形成的路径。道路是军队的命脉，没有道路保障将无法遂行作战任务。道路网的数量、质量及其分布，对作战行动构成重大影响，并影响作战方向的选择、兵种阵地的配置、战斗队形编成和具体战术运用。

道路的作用在于保障通行。对道路要素基本作战效力进行分析，是在分析其通行能力的基础上，按其分布位置与走向，判定其战役、战术价值；从网络结构上，分析其对战役、战斗的保障程度；从道路与其他地形要素的关联上，判定其隐蔽程度和可能带来的障阻影响。通过分析确定对道路网中每一道路的具体使用，确定出关键路段和枢纽点，以便采取必要的维护与保卫措施；当不能满足作战要求时，及时作出修筑军用道路和急造军路的计划，对于极易遭到破坏的路段和关键点，预先制定出迂回路线。此外，为尽快运送物资，还应根据物资集散地的位置，在道路网中选择最佳路径。

（一）主要影响环境因素

影响沿道路机动的主要环境因素首先是各种等级的道路，由各种不同地形要素不等量的自然组合而形成千姿百态的地形，地形的方方面面又影响着地面运动。地貌的起伏和连续起伏中的突起突落的陡峭变化，严重地限制和影响着部队的机动与通行；水系切割自然地表，江河横流，湖泊毗连，堤坝高筑，沟渠溪流纵横，壁陡的岸坡和错综迂回的水道，严重地影响部队机动与通行；植被，特别是森林、密灌、竹林等大面积生长的植被，不仅造成观察障碍，形成观察死角，而且对人员和车辆构成难以穿越，甚至不可穿越的障碍。居民地，尤其是大居民地，在战时，它不仅成为机动的障碍，而且在对方控制下的居民地常常成为通行的主要威胁；道路就其本身的含义固然为通达，但它却受到地貌起伏、水系分割、植被阻挡和居民地控制的层层影响，成为机动中很不稳定的因素。

对具体的某一地形而言，地形对机动的影响就是上述影响方面和大小的叠加，其综合影响力在叠加中得到加强，而不是削弱。这是综合影响有别于单一地形要素影响的特点之一。其二，这种综合影响又因气候和季节的不同而不同。分析时应当把握这两点。

（二）环境要素战术效力分析

1. 道路网络分析

对道路网络分析的目的，是依战场范围、作战层次与级别，分析道路网络结构与密度能否满足战役、战斗对纵、横向道路的数质量要求。对环境分析人员而言，当对一定地区内的道路网络进行基本作战效力分析时，必须具备军事素质，即从宏观上针对分析区的正面与纵深以及地形特点，对道路网络保障作战需要的程度作出定性的结论。也只有这样，才能使此种分析为尔后的接续分析奠定基础。交通线是军队的生命线。道路在陆上交通中占有极其重要的地位。综合分析地形对沿道路运动的影响或对越野机动的影响，目的在于选择距离最短、最便于机动，隐蔽程度最好、危险性最小，要点地形有利且便于我控制的机动路线，以便耗时最省、最迅速地到达目的地。分析的目的，是确定每条线路的通行能力，即单位时间内（一昼夜或每小时）所能通过的车辆数量。铁路的通行能力，可直接向铁路部门查询。这里重点分析公路及其附属建筑物的通行能力。

分析方法，主要在地形图上进行，因为地形图上不仅显示出道路的类别、质量、位置与分布特征，而且还显示出了与地貌、水系、居民地、植被等要素的关联，易于对道路的通行程度和困难路段作出概略的估计，对其军事价值作出判断。但由于地形图现势性差，对新增、改建、消失或变化了的道路将无法作出判断。因此，还需用新摄的空中照片或遥感图像进行核对，通过判读和对比的方法，把新建和变化了的道路或路段标绘在地形图上。为做到准确判绘，还应尽可能向交通运输部门搜集有关资料，如交通图、公路桥涵设计图等，以便作进一步核对和补充。对于缺少道路和网络结构不符合战役与战斗要求的地区，应作出记述，并用铅笔在地形图上依地形形态初步分析绘出可能的欲修道路，并说明修路的难易程度。

2. 铁路战术效力分析

1) 一般分析

对铁路的一般分析包括分布方向、站段、轨距、轨道数、桥涵与隧道。这些在地形图上基本都能得到答案。纵向分布的铁路与作战的进退适应性强，可以用较短的横向或辐射状公路连接至战术单位；横向分布的铁路虽利于物资、人员的集散，但与作战的进退适应性差。轨距、轨道数可根据铁路符号线划的粗细、注记及横向短垂线加以判断。但应注意成图年代，因铁路曾用过其他符号，分析时可参阅图廓外右侧的图例。为提高现势性，可利用新拍摄的航空像片或遥感图像进行核对和修改。当然，这些属于境外生疏地区的分析方法。对本土而言，只要向铁路部门进行调查了解，即可得到准确的答案。关于桥梁的分析，一是依图；二是依航空像片或遥感图像。分析时，注意观察江河、沟壑与铁路的相交处，非桥即涵。但分析的重点是跨越江河的桥梁，一旦这些桥梁遭到破坏，将使运输中断。对桥梁的跨度、性质、两岸地形状况应作过细的分析与记载，并尽可能向铁路部门搜集桥涵资料，以备研究维护的措施。隧道、明洞应作出特殊标记，分析或调查其长度、宽度和高度，以便研究对空隐蔽和超高、超宽装载的程度。所有这些分析结果，一般应采取开窗注记的形式直接注于地形图上；必要时，也可调制专题图或以附表的形式作为补充。

2) 通行能力分析

铁路是交通运输的主动脉，承担着军事运输的主要任务，一列列车可以运送 3000t 以上物资，是支持战争的重要交通运输线。衡量铁路军事运输能力，最根本的是依乘车标准计算铁路的通过能力。人员和车辆的乘、装标准是决定平时和战时所用机车及车辆的基础。机车和它所牵引的车厢合称为列车。铁路通行能力，是以地区线路上的区段一昼夜所能通过的最多列车数或列车对数来计算的，有时也用车辆数或载重吨数表示。铁路的通行能力有专门用表，分析或作运输计划时可直接查阅。为保证运输任务的顺利完成，在对铁路通行能力进行分析的同时，还应研究对沿线桥涵、隧道和沿江河一侧陡岸并行部分的控制、维护措施，并估计遭敌破坏时可能带来的运输堵塞与迟滞。

3. 公路战术效力分析

公路是铁路运输网的重要补充。相对于铁路而言，它对地形的适应性比较强，修筑较为方便，比铁路具有更大的灵活性。因此，公路是构成军事运输网和阵地道路网的主要道路。对公路基本作战效力的分析，主要放在通行能力上。

1) 一般分析

对公路的一般分析包括分布方向、等级、桥涵、路堤路堑、可能的困难路段和道路两侧可能影响通行的相关地形。位于作战方向上的纵向公路军事价值突出，应是首要的分析对象。公路的等级，目前地形图上虽未注出，但高速公路符号宽、路面直伸、图上有立体交叉和封闭物等符号，是可以区分的；一～四级公路虽然图式采用一个符号，但可根据图上注出的路面材料、路宽和其他附属建筑物符号，判定其级别和相应的其他技术指标。桥梁应逐一分析，按图上注出的长、宽、性质和载重分析是否与道路的等级相应；同时考虑一旦桥梁被毁后的迂回道路选择及通行的难度。路堤路堑影响车辆路外行驶和迂回，应视为困难路段；此外，还应分析出现有和战时可能形成的困难路段，如迂回路段、公路穿过峡谷、河床和居民地的路段等。图上应按实际位置和长度作出标记。山地和丘陵地，要有选择地在图上判定道路的纵坡和弯道的曲率半径，尤其是峡谷中的盘山道曲率半径要逐一分析，并尽可能现地侦察和利用交通部门的资料进行核对并标注。如此，即可对每一条公路的通行状况作出详细的图上（或卡片）标注，便于进一步分析。

2) 通行能力分析

分析公路的通行能力，首先要确定公路的容许平均速度，然后在此基础上计算其通行能力，影响平均行进速度的因素。车辆在道路上行驶，在不考虑行进状态的情况下，与路面性质、车行道宽度、道路纵坡、转弯半径以及桥梁的载重、宽度有关。此外，与季节、天气状况及白天和夜间使用有关。行进状态是指单车还是车队，是单行还是并列行驶，是单向行驶还是双向行驶。

3) 路面影响分析

路面性质影响车辆的通行性和行进速度。水泥混凝土路面、沥青混凝土路面、砾石路面等硬质路面的道路，一年四季均可通车；天然土路则取决于土质条件和天气条件。用黏土、砂质黏土及黄土构筑的道路只能在干燥季节通行，在潮湿和多雨的季节则不能通行；在砂类土质上构筑的道路，全年均可通行；在松散的沙土上构筑的道路，各种车辆通行都有困难，干燥季节更为困难。行进方式常为纵队开进。此时，为保持车队与车队之间的间距以及车队内车辆之间的距离，加上行进中的错车、调整，纵队行驶车速低于单车车速。根据地形图上路面材料性质注记或工程侦察的资料，对不同路面情况，应从上述规定中找出相应的容许行进计算速度，参与平均速度计算，如表 3–1 所示。

表 3-1 各种状况（路面）下的行进速度

路面类型	各种状况（路面）下的容许行进速度/(km/h)			
	新路面	经修缮的路面	未经修缮的路面	
			损坏面积不超过总面积的10%	损坏面积超过总面积的10%
水泥混凝土路面	50			
沥青混凝土路面	50	40~50	20~35	10~20
黏结的碎、砾石路面	50	40~50	20~30	10~20
未黏结的碎、砾石路面	40	30~40	20~30	10~20
黏结加固的带渗合材料的土路面	40	30~40	20~30	10~20
加渗合材料改善土路面	30	20~30	10~20	5~12
天然土路	25	15~25	8~15	5~10
说明	1. 黏结的碎、砾石路面是指用沥青做的黏结材料； 2. 未黏结的碎、砾石路面是指一般的碎、砾石路面			

4）季节对道路通行能力的影响

道路通行能力受天候、季节的影响很大。雨季，洪水可能冲毁路基、冲断桥梁，徒涉场会因河水上涨而不能徒涉，增大了障阻度。冬季，寒区河面结冰，可能变阻为通，一旦桥梁被毁，车辆可由冰面上通过。

(三) **分析要点**

1. 明确机动目的、方向与目标

机动的目的因任务不同而不同，任务来自上级指挥机关的关于作战的总体部署，体现上级的作战意图。任务不同，目标不同，机动的起止地点就不同，机动的规模也不同。常说的有战略机动、战役机动和战术机动三种。在战术范围内，还有旅、营规模的机动和营以下分队的机动。规模不同，机动的方式就有所区别。例如是陆上机动、空中机动还是海上机动，同为陆上机动，是沿铁路机动，还是沿公路机动；以公路机动为主时，是采用输送方式，还是以自身装备为输送工具机动等。

所有这些都涉及机动的距离,对机动道路网的数量、质量要求以及保障方案的选择。

2. 分析对机动的影响和关键环境要素

分析作战环境对机动的影响包括影响因素、影响涉及范围和影响的大小(程度)。根据这一分析,判定对机动有瞰制作用的那些地形点十分重要。这样的关键地形点,谁先占有它就对谁的机动有利。

对沿道路机动来说,主要影响因素是道路等级、铺面材料、转弯半径,以及道路附属建筑物的性质,如桥梁的载重量、宽度、长度等。

3. 选择最合理的机动路线

分析地形对机动的影响及其大小,在于选择最为合理的机动路线。选择机动路线时应以战术作战原则为指导,选择隐蔽条件好、有一定间距的并行道路路线,并且仔细分析对机动路线有密切关系的两侧关键地形。

沿道路机动时,具有重要意义的影响首先是道路网的密度、质量,它们决定了道路的通过能力;其次是道路的隐蔽条件,这取决于已有道路通过地带的植被。前者影响机动速度,后者关系机动安全。

机动路线选择好后,应进一步分析该机动路线上的所有关键路段、地形要点对机动的影响,为作出专题图和分析结论打下基础。

4. 作出分析结论

分析结论以文字配合要图的形式给出。结论包括以下内容:

(1) 机动的起止地点及机动路线。

(2) 标出我必须预先夺占、控制及注意的地形要点、重要居民地和关键路段。

(3) 标出并说明我控制力量薄弱的地段及可能遭敌伏击的路段,在这种路段地区遭伏击时的疏散展开地域及可能绕行的道路。

(4) 标出集结地域或宿营地域等。

(四)分析方法与步骤

沿道路机动是军队陆上机动的主要方式。分析的目的在于选择有利的输送和机动路线,提出改造或新修军用道路的建议,提出切断对方输送、机动路线的关键路段、关键点计划。

主要道路的通过能力取决于道路的等级、道路维护状况。战时,地貌对道路的影响主要表现在对道路关键路段的制约;水系障碍决定了桥梁、渡口(车渡)、徒涉场的位置；居民地，特别是大中型城市居民地的影响，在于对道路网中关键交叉网点或交通枢纽的控制；植被有利于隐蔽机动。所以，分析的重点是找出道路网中便于我方控制、隐蔽、安全的最佳输送道路和机动道路。

分析的方法仍然为单要素叠加分析法。其步骤是：

(1) 从搜集准备的资料中，取出不同比例尺的地形图以及与分析有关的其他资料，如军事交通图、各要素透明图、兵要地志、航空像片、公路管理部门及铁路部门的资料等。

(2) 在工作底图上覆以空白透明薄膜，绘出图廓线，注出图名、图号以后，即可首先透绘主要公路，参照公路资料按公路等级描绘。然后绘次要公路和铁路。地区内缺乏公路与铁路时，可从公路以下等级的乡村路开始，视情况再绘小路。在描绘主要道路时，应注意连接机场、港口、车站、码头的道路，将其一并表示于图上。工作底图的比例尺应适应不同层次作战的需要，以指挥用图的比例尺为限，分析时可在大于指挥用图比例尺的图上进行分析，将结果标于透明图上。

(3) 将透明图叠加于地貌要素图上（如无地貌要素图，可以利用工作底图上的地貌），分析关键路段及判断对这种路段起扼制作用的地貌要点，并将要点及路段起止点标出。经过以上分析，可将图上不便表示而又必须说明的内容先记于卡片上，以后视图面情况或在图上开窗注出，或另作表格或文字说明。与此同时，参考土质资料对简易公路和急造军路的路面土质性质进行分析，重点是潮湿季节及翻浆期道路的通阻情况。

(4) 将透明图再置于水系透明图上，分析道路与水系相关处的阻障情况、洪水期对道路的威胁程度等。参照地貌图分析通过水系障碍时要点对桥梁、渡口、码头和徒涉场的瞰制情况，亦可用卡片的形式先记录于卡片上。

(5) 将透明图再叠加在植被图上，从隐蔽和障碍两方面来分析植被对道路的影响，选出可供（双方）集结和宿营的地域等。道路两侧通常植有行树，分析时注意无行树路段。

(6) 将透明图再叠加于居民地图上，尤其对于大中城市居民地，要认真分析其对控制道路的影响。有无绕行线，无绕行线时应设法先行控制该居民地。

除此以外，应从军事行动季节出发，考虑季节和天气因素对道路可能带来的影响。

在对各地形要素进行分析以后，可将各卡片上的内容转标于透明图上或列专表，经过整饰便得到一幅沿道路机动的专题图。

以上分析方法，在地形数据库的支持下，根据一定的分析模型可在电子计算机上进行分析。在这种情况下，叠加分析更显方便。叠加分析法具有广泛的适应性。

二、越野机动分析

陆地上不沿道路的机动，称为越野机动。越野机动受各类障碍的影响，障碍是指用来切断、制止、扭转或阻挡对方部队的移动，使之在人员、时间和装备方面遭受进一步损失的阻碍物[①]。障碍可以是天然的、人造的或是两者的结合。障碍可以包括建筑、陡坡、河流、湖泊、森林、沼泽、丛林、城市、雷区、堑壕以及铁丝网等。对障碍的评估和分析有助于发现机动走廊，找出可以进行防御的地形和接敌路径。因此，越野机动分析与防御阵地选择、进攻战斗环境分析有很大相关性。

（一）主要影响环境因素

与沿道路机动相比，越野机动的影响因素更多，主要包括地貌、水系、植被、居民地、土质等。具体如表 3–2 所示。

表 3–2　越野机动分析的地形因素

要素	分析因素
地貌	坡度、特殊地貌分布、土质类型
居民地	类型、密度、建筑物性质
水系	江河、水渠的宽度、深度、流速和岸况；湖泊、水库的分布与水障范围；沼泽的水深与泥深
植被	森林的株距

（二）环境要素基本作战效力分析

1. 地貌相关因素分析

影响越野机动的地貌相关因素最重要的是坡度，依机动车辆爬坡能力划分

---

① 美军陆军作战环境情报准备（2019）。

的易于通行、通行困难和不能通行的坡度限值 a，在坡度尺上量取或按下式计算出它们在地形图上相应的等高线间隔 L：

$$L = 0.2\cot a \qquad (3-1)$$

然后依此在地形图上圈出相应范围。最后把不能通行的区域涂染成红色；通行困难的区域涂染成淡红色；易于通行的地域不着色。例如，坦克越野机动，17°以下能通行，17°~30°通行困难，30°以上不能通行。图上相应的等高线间隔为大于 0.65mm（当采用基本等高距时）、0.65~0.35mm、小于 0.35mm。可依此用目视比量的方法，先在图上圈出等高线间距小于 0.35mm 的范围，涂以红色，再圈出 0.35~0.65mm 的范围，涂以淡红色，其余范围，即为能通行地域。

其次是特殊地貌，依机动车辆的克障能力，区分为能通行和不能通行两个层次，按规定的颜色在相应范围内涂染。土质，依地形图表示的土质类别和范围进行分析。一般视盐碱地为不能通行，沙、砂砾地、石块地为通行困难，一般土质为易于通行，并注意季节与天气的影响。其染色规定同上。

2. 居民地相关因素分析

越野机动一般应避开居民地，因此，通常把密集居民地视为不能通行地域，把散列式和分散式居民地视为通行困难地域。

3. 水系相关因素分析

江河、水渠等线状水体，依图上注记的宽度、深度、流速、底质和河岸状况，按对车辆涉渡的影响规律，凡不需做较大准备即可涉渡时，为易通行水体；若需作泅渡和潜渡，为通行困难；若只能依靠渡河器材和工程保障才可渡河，则为不能通行。湖泊、水库均视为不能通行（船渡例外）的水体。水库等可能形成的水障范围，应以红色虚线圈出沼泽，地形图上对能否通行的表示，是针对步兵运动区分的。对坦克机动，泥深不超过 20cm 的，为易于通行；泥深 20~40cm 的，为通行困难；泥深大于 40cm 的，不能通行。对轮式车辆，沼泽为不能通行地域。

4. 植被相关因素分析

森林，株距大于 6m，或株距在 4~6m 之间，而胸径小于坦克自重的 1/2，且坡度小于 10°时，能通行。株距在 4~6m 之间，而胸径值为坦克自重的 1/2 至全重值，且坡度小于 10°时，通行困难；其余情况为不能通行。密灌，对坦克为通行困难，对轮式车辆为不能通行地域。对上述诸因素分析并染色后，凡两个通行困难叠加的地域，应视为不能通行的地域。

（三）分析要点

越野机动分析的分析要点、分析方法和步骤与沿道路机动分析类似。其中，第2步略有不同，沿道路机动分析主要是研究道路、气象要素，越野机动分析则主要包括地貌、水系、植被和居民地四个方面以及气象要素。

1. 明确机动目的、方向与目标

相比沿道路机动，越野机动的目的性更强，时效性、隐蔽性等要求更高，分析前首先要确定机动的目的，机动的范围、直线距离、方向等指标，其次要了解机动部队的人员、装备数量，尤其是装备、越野车辆的数量等。

2. 分析对越野机动的影响与关键环境要素

地形对越野机动的影响包括地貌、水系、植被和居民地四个方面。对地貌而言，不同的地貌类型有着不同的影响特性。例如，平原地形，无论道路还是越野路线，坡度小，弯道少，方向易辨，障碍物较少。山地则不同，坡度大，弯道多，不仅影响路基路面质量，而且当道路通过山谷、河岸、隘口时常常形成危险路段，周围的高地对控制路段起关键作用。这种影响范围和程度都可以在单要素透明图上预先进行分析。在一定气候条件下，水系受制于地貌又雕刻着地貌。水系与地貌的结合对机动产生横向相阻和纵向相通两种影响。与机动方向相交的河流沟渠及位于机动方向上的湖泊沼泽形成机动的障碍；与机动方向相一致的江河既可利用其水道，又可利用坡度和缓的岸边道。一般来说，谷间地较宽，也利于沿河谷通行。道路、河谷两侧突出的高地，对控制路、谷均有重要意义。对于横阻的江河，应察明河宽、水深，察明桥梁、码头、渡口及徒涉场的情况，察明河水流速、底质、洪水季节及最高洪水位的情况。战时，居民地多不作为目标，一般是绕行的。它对机动的影响，不是阻便是通。对穿过居民地的道路需要仔细分析判断。除了判明居民地内道路的基本特性，还要了解绕行和可绕行地段，了解居民地内能控制道路进出口的建筑物和控制绕行路线的建筑物情况。植被与机动的关系，也应当建立在利用其利、避其所害的原则基础上。利用其利是尽可能利用植被对道路和越野机动路线隐蔽的影响，提高机动的安全性；避其所害是尽可能规避密林等对通行的阻隔。

通过单要素的分析，只要将分析图叠加起来，就可以立即发现能控制机动的地形要点，即关键地形点。明确关键地形点非常重要。当敌方已占据这样的要点时，或者避开敌之封锁，或者计划夺取该要点地形；当敌尚未占领或控制

时，我则应迅速占领或控制起来，已为我所占领，则应分析对敌机动的威胁程度，加强其控制。

3. 选择最为合理的机动路线

与沿道路机动路线相比，越野机动路线的选择更多，越野机动是在不可能利用现有道路情况下，使人员和各种车辆能到达目的地的运动。为此，分析的目的在于找出实施这种机动条件下的最佳机动路线，并标出人员和车辆不能通行的地段。这是以坡度和障碍物为对象的分析。在选择时，应在地形诸要素分析基础上，列出最优的几条路线，然后进行评估，给出优劣评判。

4. 作出分析结论

分析结论以文字配合要图的形式给出，结论包括以下内容：

（1）机动的起止地点及机动路线。

（2）标出我必须预先夺占、控制及注意的地形要点、重要居民地和关键路段。

（3）标出并说明我控制力量薄弱的地段及可能遭敌伏击的路段，在这种路段地区遭伏击时的疏散展开地域及可能绕行的道路。

（4）标出集结地域或宿营地域等。

（四）分析方法与步骤

越野机动分析的主要方法，就是在图上标出战场范围后，把道路以外的其他影响机动的因素，按能通行、通行困难和不能通行划分成三个标准；再针对战场实际地形在地形图上标绘出相应范围，从而绘制成越野通行图。分析时，以地形图为工作用图和底图，用近期摄得的遥感图像先对地形图进行修正，然后按下列因素分析。

分析方法是单要素叠加分析法，其步骤是：

（1）准备资料。平时搜集的资料应当是充分的。在这种情况下，只需将平时按单要素分析的透明图汇集起来即可。如平时未进行各地形要素基本作战效力的分析，此时应取出地形图、兵要地志、航空像片及其他侦察像片、从各业务主管部门搜集的有关资料等。其他的准备工作有分析的物资仪器准备等。

（2）在地形图上覆盖空白的透明薄膜，在透明桌上根据坡度分级绘制坡度带图：15°以下、15°~25°、25°~30°和30°以上。

（3）在以上分析的基础上，分析越野地带内土质、水系、植被、居民地和其他人工地物的障碍情况。有单要素分析透明图时，分要素地进行叠加分析即可。如未进行单要素分析，可以按水系、居民地、植被的顺序逐要素地叠加于透明图上。注意，标绘的是可以越野地带内有碍越野的障碍物性质和范围。对土质，分析其性质和干湿程度；对水系，分析其范围、深度和底质、岸坡特点；对植被，分析其范围、密度（株距）、平均胸径及林下低层植物的影响特性；对居民地，分析其街区外围可通行特性，尤其是外围的渠堤池塘、远伸的栅篱隔墙等。

（4）分析并标绘越野地带内及两侧突出、明显的方位物，便于越野时判定方位之用。

应当指出，进行越野机动效力分析时，一般可能忽视对铁路公路的分析。这是不正确、不全面的。首先，越野机动路线必须选择在公路的两侧及其附近；其次，铁路公路的路堤路堑对越野机动影响很大，故不应忽视。

完成以上分析后，便得到一份某地区越野机动图，凭此即可确定通行的程度，绘出"易通行""能通行""难通行"和"不能通行"的范围。与通行有关而图上注不下的说明，可制成表。

易通行地形是指不限制履带式车辆的行驶方向和速度，且允许沿同一路径重复行驶，对普通越野能力的轮式车辆行驶没有限制，利于摩托化和坦克发挥最大效力的地形。这种地形坡度和缓、土质坚硬，无农作物影响，无耕作土壤的影响，如内蒙古草原地形。

能通行地形是指基本上不限制履带式车辆的行驶方向和速度，且允许沿同一路径重复行驶，普通越野能力的轮式车辆行驶有一定困难的地形。这种地形坡度较和缓，但土质不很坚硬，有的地方虽没有农作物及耕作土壤的影响，但可能有微地貌的影响。华北平原及较宽的谷间地属于这种地形。

难通行的地形是指履带式车辆必须减速行驶，在同一路径上的机动灵活受到限制，普通越野能力的轮式车辆几乎不能行驶，不修筑急造军路，技术兵器难以行驶、展开的地形。这种地形的坡度较大，切割程度较重。一般丘陵地、低山地的耕作地形几乎都具有这种特点。在这种地形上行驶，对道路的依赖加重。

不能通行的地形是指不经大量作业，不修筑急造军路，履带式和轮式车辆都不能行驶的地形。这种地形坡度陡峻，变形地貌影响显著。雨裂冲沟多的地形是不能通行地形中的一种。

图3-1所示为某地越野通行分析图示例，表3-3给出了其通行情况分析。

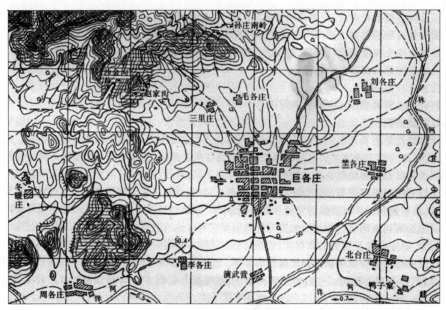

图3-1 越野通行分析图示例

表3-3 通行情况分析

通行情况	易通行	能通行	难通行	不能通行
通行	15°以内,巨各庄以东地域平缓,公路与林河之间为旱作地,便于越野,但土壤较松	15°以内,巨各庄以西及西北,坡度虽平缓,但多小型条状山坡,对西南—东北方向越野有一定障碍	15°~25°的坡度带内,梯田、土坎、冲沟较多,坡度虽不属难通行范围,但由于地表破碎,通行困难	坡度30°以上的地域范围小,这些地域不能通行
障碍	除居民地外,巨各庄西北、北面起伏不大,以东有河流由东北—西南流向,河流与运动方向一致,不形成障碍,河水深约0.4m,平均河宽50m,流速0.4m/s	地貌的小起伏及雨裂冲沟、梯田坎有一定的障碍	沿谷间地机动没有明显障碍	主要为坡度障碍

第三节　海上机动作战环境分析

海上机动和陆地机动有很大区别，一般来说，陆地机动，无论是沿道路还是越野机动，分析的主要要素为地形要素，所考虑的也是哪条或哪些路线是最优的。而海上机动分析除分析机动航线外，还要分析能否出动，即在当前环境条件下，武器装备平台能否出动。例如海况条件下，出动有很大风险。不同装备对环境的适应性不一样，海上机动分析要结合具体武器平台来进行。

一、主要影响环境因素

影响上陆工具环境因素主要包括海域形状、海况、水中障碍物、岸滩坡度、海滩底质、堤岸垂直高度、地表切割度、能见度、沿岸流等。次要因素包括风、降雨等。潮汐因素的影响主要体现在潮汐使得岸滩坡度、海滩底质有所变化，为间接因素。为论述简便起见，以下仅针对主要因素进行分析。

二、环境要素战术效力分析

（一）海域形状分析

在海峡或狭窄的水道，两栖平台的海上战术机动严重受限，是极为危险的区域，在开阔海域，若两侧碍航物众多，本质上也是狭窄水道，其机动范围也受限，同样是危险的区域。此外，此类海域敌布设的水雷效能也会大大提高。在近岸海域，若存在天然的岬湾、锚地，则可为两栖平台提供有限的伪装和隐蔽。

（二）海况分析

如果海况条件差，波浪高，登陆舰摇摆幅度过大，当登陆舰大门跳板的坡度角大于两栖装甲车辆最大入水角时，会使车辆在入水时的角度过大，容易造成车辆突然没入水中。如果这时车辆密封状态不好，就易导致车辆沉没。

海况对两栖车辆水上机动效力的影响，主要体现在影响其快速性和稳定性上。由于受风、浪及海流的影响，车辆容易作不规则的摆动。当车辆在波浪中大纵倾、大横倾或剧烈摇摆航行时，特别是在大横倾航行时，有导致其倾覆的危险。车辆在水面冲击阶段应选择波浪对车辆的冲击小，往车内进水的机会少，有利于减小摇摆等最有利的运动方向，并应严格遵守使用规则，适当控制车辆航速和相对波浪的运动方向，防止车辆的剧烈摇摆与偏航。实验证明，与静水航行相比，两栖车辆在逆浪情况下航行时，其航速降低为10%~30%。此外，当车辆的固有摇摆频率与波浪运动的频率接近时，就会出现严重威胁车辆安全的谐摇运动，这是车辆在风浪条件下最不利的局面，这时车辆必须改变航向。

两栖装甲车辆的抗风浪能力是其一个重要的战技性能指标，直接关系到它的战术运用水平。目前，对于抗风浪能力的判定，一般是依据其能适应的海况等级进行划分。

（三）水中障碍物分析

两栖装甲车辆水面冲击在接近岸滩进入已开辟的航行通道时，常常进入浅滩环境。较平坦的浅滩对其机动没有影响，但要特别注意明礁、暗礁等水中障碍物的阻碍作用，以防止造成车辆损坏或发生剧烈侧倾。水中障碍物尤以暗礁的危害最大，当两栖装甲车辆触礁时，易遭成履带脱轨、搁礁，且搁礁时易擦损车体。在开辟水上航行通道时，水中障碍物应用浮标或标杆标出。

（四）岸滩坡度分析

在两栖装甲车辆安全出水所能克服的最大岸滩坡道角称为出水角，出水角是衡量两栖车辆出水的通过性能力指标。岸滩坡度增大时，车辆出水速度降低。当坡度大于车辆出水角时，车辆大角度出水，车尾被淹没，车辆的推进动能不足以克服岸滩的阻挡，很难成功出水。

（五）海滩底质分析

两栖装甲车辆突击上陆时除必须满足岸滩坡度、堤岸垂直高度等不沉性条件外，还应考虑岸滩坡道对车辆履带的附着性条件。如果岸滩底质泥泞不堪，对车辆履带的附着力低，车辆就无法上陆。岸滩底质大体可分为坚硬底质、沙地、带软泥的沙地、沼泽地等几类。硬泥底质对上陆最有利，沙地次之，带有软泥的沙地较差，沼泽地易陷，车辆很难上陆。

（六）堤岸垂直高度和地表切割度分析

堤岸垂直高度为海岸人工或自然垂直障碍的高度，地表切割度为单位距离内地表被壕沟、陡坎等微地貌切割的次数。

（七）能见度分析

能见度影响两栖车辆驾驶员观察和保持队形，尤其是在由海向陆时，不良能见度显著增加了第一梯队的指挥组织难度。低能见度大致目力观察距离为0~

500m。由于两栖突击车海上行驶时速度较慢，低能见度以上情况影响不大。

（八）沿岸流分析

沿岸流使得突击车在向岸冲击时难以保持航向，偏离预定的登陆点，还有可能使突击车抢滩时，将一侧履带触岸，造成横靠，导致突击车与岸平行。逆流航行时，海流将车辆向顺流方向冲击，航行阻力增大，航速降低；车辆前部出现浪花，影响观察。顺流航行时，流向与航向相同，航速加快，车辆的实际航速等于静水中航速与流速之和。因水流冲击车辆尾部，方向不好掌握，转向半径增大。因此，突击车上陆前，应对沿岸流流向、流速进行详细分析。

第四节 直升机低空突防作战环境分析

垂直登陆是重要的两栖登陆方式之一，可独立遂行纵深攻击任务或与平面登陆相配合遂行夺占滩头任务。两栖垂直登陆的重要输送工具为直升机，直升机一改固定翼飞机对机场及附属设备的依赖与严格要求，可以低空、超低空飞行，在需要的空域悬停以及在需要的地域机降并提供火力支援，能随同地面部队转移并遂行各种保障任务，从而使军队克服地形障碍的能力和战场机动力空前提高，并成为两栖作战的撒手锏之一，极大地提高了两栖立体作战能力和范围，因此，对直升机超低空接近路的分析，是机动分析必须包含的内容和新的发展。

直升机承担的任务较为广泛，但主要是机降作战和空中火力攻击，用以夺取对方浅近纵深的重要目标（要点、渡口、交通枢纽、山隘口）和其他军事目标，配合正面部队进攻；或突击对方指挥所，使其失去指挥，瓦解对方的战斗。其相应的空中接近路包括出发地域、飞行航线和着陆地域。登陆作战中，直升机一般位于输送舰艇上，岛礁夺控作战中，也可作为预置兵力配置于我占岛礁上，因此，出发地域的环境分析不必过多考虑，其突防机动路线分析主要针对航线和机降点。

一、航线对相关地形的要求

直升机的航线多属超低空接近路，构成超低空接近路的相关地形条件，直接影响突击任务的遂行和飞行安全。因此，必须根据直升机的战术技术性能，选择隐蔽、安全、短捷而又能达成突然出击的飞行航线。

（一）航线要隐蔽

直升机的特点之一，就是能进行低空、超低空乃至贴地飞行，这样就能避开对方的观察、监听、地面雷达的搜索与跟踪，从有利的方向隐蔽接近敌人（或到达预定地点），而后突然跃升，对目标实施攻击或机降。因此，超低空接近路要求尽量选择谷地、地褶、林缘以及密集突出建筑物形成的断续边线，如图3-2所示。当然，也可由它们组成交替连接而形成的低空或超低空接近路，但切忌翻越山脊，以防被敌方发现。

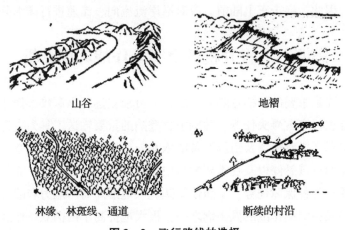

图3-2 飞行路线的选择

（二）距离应尽量短捷

航路短捷的接近路，既能赢得时间，增大攻击的突然性；又能增加攻击或机动的波次，并减轻补给。而短捷空中接近路的选择，既取决于起迄点间的地形和敌情，又取决于出发地域的位置。如果位置选择恰当，即可沿隐蔽的空中接近路直达目标或机降地域；否则，为了寻求隐蔽而不得不飞行许多弯路。

飞行高度也影响航路的距离。如图3-3所示，贴地飞行，航线随地形起伏而升降；超低空飞行，航线随地形起伏形态分布而弯来弯去；若为低空飞

图3-3 飞行方式

行,则可径直飞往目标。显然,航路随着高度的增加而缩短。但是,这几种飞行方式的选择,取决于对方地面雷达站的配置位置和制空权的握有程度,以及遂行任务的性质。

(三) 便于目视定位定向

直升机沿预定航线飞行,主要依靠驾驶员利用地标目视定位与定向。但因飞行高度低、相对速度快、视野范围小,故目标稍纵即逝。为确保沿预定航线正确飞行,要求选定航线时,在线下方及其两侧,应有一定数量的地标,如居民地、湖泊、水库、池塘、森林、树丛等面状地物和铁路、公路、河流、干河床等线状地物,以及其他突出的独立地物等。空中接近路一经选定,即应根据预定航速,顺序计算一些重要地标出现的时刻,并记忆其方位,以助空中飞行。航线上的出发点、控制点和分航点一定要选择明显地标。

(四) 避开敌军配置地域和火制空域

直升机实施纵深攻击的目标,通常选取能对战役或战斗产生重大影响,能迅速瓦解或削弱对方战斗力并使之崩溃的重要目标,如指挥所、炮阵地、地形要点、交通枢纽及重要桥梁、通信枢纽、后方补给站等。因此,飞抵目标前,为隐蔽企图而达成攻击的突然性,以及尽量减少损失,选择的航线应尽量避开敌军配置地域和火制空域。据此,空中接近路一般应指向对方的翼侧、间隙等防守薄弱的方向,以及森林、沼泽地等空域。直升机在森林上方进行低空活动,可以缩短地面部队听到声音的距离,并能妨碍辨别声音的来源和方向。至于沼泽地,一般不会配置地面部队,是相对安全的空域。

纵向道路与河流,既是理想的天然导航地标,又有一定的隐蔽性。但是,这两种地物在战时都将成为敌对双方关注的焦点,若没有掌握制空权,则应避免沿此选定空中接近路,以免遭对方对空火力打击和歼击机的空中袭击。

进攻战斗中,当欲支援地面部队或自身独立完成夺取敌纵深要点时,空中接近路也可由地面部队已打开的突破口进入,但应避开突破口两侧阵地而选定航线,如图3-4所示;在任何情况下,空中接近路都应避开对方防空雷达和防空武器阵地,要尽可能不越过山脊线,以减少对方雷达的探测机会。

此外,空中接近路也要避开己方炮兵阵地及其弹道空域,以防被己方炮火误伤和影响炮火对直升机的支援。按照上述要求选择出空中接近路后,为确保超低空飞行的安全和选择与地形起伏相适应的航速,一般应编制近地隐蔽飞行图,即按照作直断面图的方法,绘制航线所经地表的断面图,如图3-5所示。

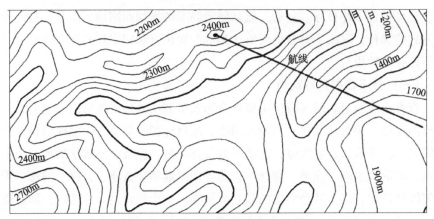

图 3-4　空中航线尽可能避开山脊

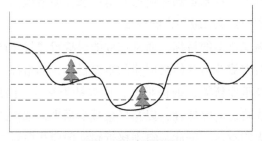

图 3-5　直断面图

编制时，首先在地形图上标出航线；查出航线所穿过的诸条等高线的高程；再加上其上的植被或建筑物的高度，从而得出航线所经地表、地物的连续高程变化线，并依此绘制断面图。若该断面曲线比较平缓或起伏变化频率不大，则最为理想，可以选定较大的航速飞往目标；否则，航速不能过快，以免碰撞地物而失事。

二、着陆地域应具有的地形条件与战术要求

着陆场的作用是确保直升机安全机降，部队迅速集中，在最有利的位置和方向上对目标发起突然攻击。因此，它既要具有满足机降的地形条件，又需满足一定的战术要求。

（一）有一定地幅

对一架直升机而言，只要有直径约两倍翼展的平坦开阔地，即可安全机降。因此，着陆场的地幅，原则上可以此为准，按同时机降的架数予以确定。

目前，世界各国最大的主旋翼直径为22m，若四机编队同时着陆，则其地幅应为 $44^2 \times 4 = 7744$（m^2）。

（二）土质好、倾斜度小

着陆场地面应平坦、土质坚实，不应有坑穴和高大岩石，防止有碎散物以及松散土屑卷入旋转翼或扬起尘土，既影响着陆安全和飞机维护，又易暴露目标。一般矮草地、半荒漠植物地最为理想；而沙漠、露岩地最差，若欲在沼泽地降落，则必须有地面先遣人员用灌木、乔木或其他材料进行编铺。着陆场应平缓，坡度最好在5°以内；特殊情况下亦不能大于15°，否则，只能悬停卸载，影响卸载速度。

（三）隐蔽条件好

为达成攻击的突然性和减少被对方杀伤，着陆地域应具有良好的隐遮蔽条件。尽量利用地褶、树丛、居民地等地形元素遮断对方的地面观察，防止其直射火器杀伤，保证安全机降。当然，为达此目的，有时选择的着陆场可能距攻击目标较远，其机降分队尚需运动到攻击出发位置。此外，机降地域还应易于空中识别。

（四）符合战术要求

机降通常是在对方意想不到的时间、地点和方向上实施，向敌人发起突然攻击，夺占并扼守重要目标（地域），所以着陆地域必须选择在有利于战术进攻和夺占目标的位置上。通常选择在欲夺取目标的侧后，对目标具有瞰制作用，有良好的依托并能沿理想接近路发起进攻的地方；或者能调动敌人放弃已有工事而在不利于扼守的地形上与已交战的地域。例如，当欲夺取高地为目标的要点地形，或形成隘口的两侧高地时，着陆地域宜选择在与这些高地同山脊的侧后相邻高地上，以便于着陆后迅速沿山脊从其侧后发起攻击，如图3－6所示。必要时，也可在地面炮兵和航空兵的炮火准备之后，在攻击直升机的支援下，直接在目标地域机降。

城市居民地战斗，最宜于在要点建筑物的平屋顶上机降，既可对周围地形实施瞰制，又便于从上至下逐层战斗夺取要点建筑。因此，守方一般在这些平屋顶上设置铁丝网障碍物，并配置一定火器。

（五）纵深不宜过远

直升机有效荷载不大，因此重装备不能或不便运送到对方的深远纵深，这就造成机降部（分）队的地面机动力与火力都不强，而必须得到地面炮火的

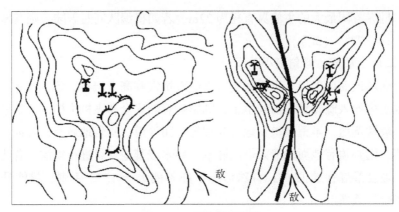

图 3-6 符合战术要求

有效支援。所以，着陆地域不能深入对方纵深过远，而需位于己方地面炮火的有效支援距离内。综前所述，直升机的出发地域、飞行航线和着陆地域应具有的地形条件与战术要求，构成了直升机机降作战对选择空中接近路应考虑的地形因素与战术要求。掌握了这些特点，在攻防作战中，既便于为自己选择空中接近路，又可依此判断敌人可能的低空与超低空来袭方向和起降场的位置所在，以便组织火力阻塞通路并予以压制。

第五节　观察与射击、隐蔽作战环境分析

观察与射击作战环境是发扬火力的基础，也是实地掌握战场态势的前提。隐蔽是作战行动成功的倍增器。观察与射击、隐蔽主要受地形要素影响。

一、观察作战环境分析

观察是一切军事活动的基础，受观察条件、障碍物和目标隐蔽程度的限制。在以人的肉眼直接进行观察的条件下，一切高于人体身高的地物、地貌都能形成障碍而限制观察。所以，常采用提高观察者视位置的办法，在视野开阔、隐蔽条件好的突出高地上设置观察哨所。

分析地形对观察的影响，是通过观察者、障碍物和目标之间的相对关系，确定观察者在观察点上对敌方的可观察范围，而不是研究某个点具有哪些观察性能。具体的观察性能应当在各地形要素对观察的影响分析中确定。

综合分析地形对观察的影响，对于判定对方观察哨所和阵地设置以及选择己方的观察哨所和阵地设置都有重要意义。综合分析的结果，通常是描绘一份可视范围和障碍物分布的视界专题图。

（一）主要影响环境因素

一切具有一定相对高度和密度的单个物体与物体群都是影响观察的因素。因此，地貌、植被和居民地是影响观察的主要地形因素。

地貌对观察的影响极大，但是却随地貌自身坡度的特点不同而不同：位于等齐斜坡坡面上的目标易于发现；位于凸形或凹形斜坡坡面上的目标有彼此相反的观察死角；位于波状斜坡坡面上的目标，有较多的观察死角可被利用。变形地貌，如崖壁、冲沟、崩崖、山洞、岩墙等对观察均十分不利；微形地貌，如小的坑穴埂坎、微型起伏等虽不能依比例尺反映于图上，但却可以阻止对掩蔽于其间的单个目标的观察。完整的山体、丘岗则可以有效地阻挡对其后目标的观察，而且影响正面大，纵深远。

具有一定覆盖度和密度的植被，不仅可以防止空中观察，在距林缘一定深度的情况下还能防止水平观察。对地面观察而言，低层植被有着巨大的障碍作用，所以植被对观察的影响占有突出的地位。

居民地的建筑物及周围的围墙、栏栅、篱笆、树木等都是观察的严重障碍，因而具有良好的隐蔽性能。现代大中城市居民地，已成为一种特殊的"人工地貌"，具有影响观察和有利于观察的双重特性。位于城市中心主要街道交叉口上的高层建筑物和街面建筑物，位于城市周围的高大建筑物都是良好的观察哨、所选地；城市一切建筑皆影响对市区的观察。

除以上立体影响因素以外，广阔的水面因地球曲率而影响观察。

天气状况虽不属地形范畴，但它影响空气的透明度，进而影响观察的距离。雾霾雨雪也影响观察。此外，滚滚黄沙也影响观察。在作战过程中，天气状况不良会使地貌地物的影响加剧。所以，对某一具体地区的地形而言，其影响特点有：

（1）地貌地物的空间关系是经常起作用的主要影响因素，其影响的大小随各地形要素影响的叠加而加强。

（2）通视与遮蔽建立在直线连通的基础上，这是解析和图解分析的基础。

（3）除地貌地物的空间影响以外，时间因素给观察带来很大的影响：首先是白昼与黑夜；其次为雾霾雨雪、大风扬沙；还有居民地，尤其是城市居民地的晨雾暮昏现象，都是影响观察的时间因素，表现为一定的时间特性。这种时间特性常被战时所利用。

（二）分析要点

分析地形对观察影响的目的，是确定双方观察哨、所的最佳位置及阵地设置地域范围，以便有效地监视对方平时、战时的活动，为实现果断指挥提供直接的观察依据。

1. 明确观察的任务与范围

指挥离不开观察。明确观察的任务与范围不仅要把观察点选在最能通观战场前沿和尽可能大的敌纵深的地形点上，而且尤其要注意观察对方的重点目标和重要方向，通向对方纵深的主要道路。进攻时，要观察便于对方封锁接近路的支撑点；防御时，要观察敌人可能利用的接近路和展开地域等。

2. 指出对观察、射击有影响的地形

对我形成观察遮障的地形，必然也是影响我直瞄武器射击的地形，在这种地形的背后，形成不利于我观察和射击的死角。在分析中，还要留意突出于我方且有依托作用的这种地形。注意对伸向我翼侧的道路、水系和越野机动路线有支撑作用之地形的观察。分析这种地形是为了夺取、控制这种地形。

3. 选择最合适的观察位置

为了控制整个战场形势，观察尤为重要。而且应选择多个观察位置，以便从不同的高度、不同的角度，使观察范围最大，使观察、射击死角最小。这是建立观察配系的基础。

4. 确定通视程度

经过分析，根据观察扇面内可通视地域面积与所观察地域总面积之比计算通视率。根据通视率即可定量地掌握该地域通视的程度。

5. 以文字及专题图的形式作出分析结论

在专题图上开窗说明或视情况标明敌可能设置观察所的位置及对我方瞰制的地域；绘出障碍物遮障的范围；说明或标出有利于敌而不利于我的重要地形位置，并说明其影响范围。再说明或标出我方可设置观察所（哨）的基本位置和预备位置，由此可绘出观察地境与观察死角，指出应重点观察的地段等。

（三）分析方法

分析采用单要素叠加分析的方法，具体步骤如下：

（1）资料及工具准备。

(2) 确定比例尺以及准备工作底图和透明的空白薄膜。

(3) 进行分析或透绘。

如事先未作单一地形要素观察性能分析，可将空白透明薄膜覆盖于工作底图之上，先分析地貌对观察的影响，按地貌要素对观察性能影响的分析方法，绘出遮蔽地域，便可以确定观察的范围。经过这样的分析，可以确定有影响的地貌要点和敌我双方用来作为观察所的地点。然后，再分析植被影响观察和居民影响观察的情况，进而分析水系中影响敌我攻防和威胁我翼侧安全的需要监视的水体。最后分析连接敌我双方前沿和纵深的道路，以便监视敌人用来作为接近路的方向。

在分析中，除了绘出遮蔽、通视情况，还要绘出需要观察的重要地形要点和地段。例如，山背上的岩石、岩墙、陡崖等，既影响观察，又可能是敌人的射击阵地。如果事先已分要素进行了分析，此时便可按地貌、植被、居民地、水系、道路逐次叠加的办法进行叠加和分析。

(4) 结合气象资料，在图上标注常年雨季的起止日期，梅雨期的起止时日，雾天的盛行日期及散雾的时间，黄沙、沙暴的时日以及城市早雾晨昏的持续时间等。

(5) 整饰。观察与遮蔽是相悖的，因此，确定了遮蔽地域的图就是一份观察专题图的不通视地域图，所不同的是标绘或注出最有利的观察点及必须监视的观察地段。

二、射击作战环境分析

射击可分为直接瞄准射击和间接瞄准射击两种。直接瞄准射击，要求射击位置（阵地）掩蔽或隐蔽，而视界、射界开阔。间接瞄准射击，要求发射阵地既有必需的遮蔽度，又要在对方射击的遮蔽界范围内的射击死角以内。因此，对直瞄武器而言，应分析的是影响因素和选择阵地的条件。影响射击的因素是射击位置与射击目标之间的一切障碍物；而射击条件是既隐蔽、视射界又好的地形。对间瞄武器而言，要求地形对敌方的观察形成障碍，并有足够的遮蔽度和射击死角。

由此看来，地形射击性能综合分析的目的在于：分析关心地域内的障碍，确定各种武器在预设阵地射击的不利地段；分析各种火器必须实施集中射击的重要目标和重要地域；经过分析为不同武器选择最理想的发射阵地。分析的结果，通常为射界专题图及文字说明。

（一）主要影响环境因素

1. 对直射武器射击的影响因素与特点

直射是在整个表尺距离内，瞄准线上的弹道高不超过目标高的射击。它要求射手与目标之间必须直视可见。因此，影响直射武器射击的因素主要是地貌、植被、居民地建筑物和土质的性质。

地貌对射击的影响，关键在于地貌斜坡坡面的形状。形状不同，防界线的位置不同，进而对观察和射击的影响也不同。等齐斜面最易于从坡面上下两端相互观察并实施射击。斜坡上部位于山头或地貌变换处的防界线附近，是便于设置防御阵地的位置。凹形斜面和凸形斜面上，最好的观察与射击位置均在各个斜坡坡面的防界线上。但由于坡形特点，使得观察和射击范围受到不同的影响。对组织多层火力来说，波状斜面较为有利，因为有若干条防界线可资利用。因此，斜面形状不同，影响阵地的位置与设置阵地的数量不同。防界线与斜面的形状紧密联系在一起，阵地的位置则常常与防界线联系在一起。对于不在同一山脊上的地貌起伏，则在射手与目标之间形成障碍。这种障碍对直接瞄准射击而言是不可克服的；而对间接瞄准射击武器而言，则可能是选择发射阵地的有利地形。植被，特别是森林植被，分析的注意力应集中在林缘及其形状、林区分界、林间道路以及防火线上。林中空地可作为间接瞄准射击的武器的发射阵地。突出的林缘线对组织交叉火力非常有利。在相邻山脊上突出的林缘线更有利。居民地的建筑物、建筑材料、街道布局、建筑物楼层及地下设施，都能影响射击位置的选择、射击范围和射击效果。反之，则能起到隐蔽、防护的作用。对直射来说，重点是利用居民地外缘的坚固的建筑物和面街的坚固建筑物及街心公园、广场周围的坚固建筑物，这些建筑物观察、射击条件好，又坚固，特别是高层建筑物，楼与楼之间可以构成交叉火力，同一楼的不同楼层也可以构成交叉火力。所以居民地可以用来选择隐蔽发射工事和阵地。土质对射击的影响表现在两方面：既影响工事和野战工事的施工难度，又涉及间接杀伤。

水系岸边的地形影响对河岸接近路的射击；同样，两岸地形也影响对水面的观察与射击。因此，在适宜于强渡的地段，更应强调对两岸地形的射击可能性的研究。平原河流两岸，岸线变化较缓，南方河流两岸通常筑有河堤，这种岸坡有利于岸上向河上目标的射击，而不利于河上向岸上目标的射击；其次影响登岸，不便于迅速展开，且无起伏地形可利用。有的河流沿岸分布有不连续的小片树林，这对登岸有一定帮助，不过岸上也可能事先占领或控制这种河岸的岸段。丘陵地和低山地的河岸，地形较复杂，两岸若尚未开垦为农田，则灌丛杂草丛生，有利于岸上对河流中水上目标的观察射击。如已开垦为农田，农作物对观察射击有一定的影响，但极利于两岸对河流中水上目标的射击。当河流两岸分属敌对双方控制时，哪岸更高则对哪岸有利。

地形对直接瞄准射击武器射击影响的特点表现在：

（1）直射武器射击以直线通视为条件，地形的任何要素都可对射手与目标形成遮障，影响射击。所以一切军事目标，不管是运动的或是静止的，都以隐蔽自身为前提。而防界线是利于观察和便于创造条件隐蔽自身的有利地形。

（2）地形对射击观察的影响是各地形要素影响的叠加。故分析地形对射击的影响时，采取分要素分析再叠加分析的方法。

（3）地形提供目标暴露的时间越长（目标静止时）或目标暴露运动的距离越长，对射击效果越有利。所以平原、水面是目标生存能力最低的地形，此时除加强目标自身的战术隐蔽动作外，应充分利用变形地貌、微地貌和隐蔽条件好的地形隐蔽或运动。分析时，则应分析有利的射击位置和射击不利的机动路线。

2. 对间瞄武器射击的影响因素与特点

间瞄武器的射击实际是如何选择隐蔽阵地的问题。间瞄射击是火炮不能通视目标时，由观察所利用瞄准点（标定点）赋予火炮的射向，根据炮目距离赋予火炮的射角而进行的射击。所以，选择隐蔽发射阵地前必须计算遮蔽度、遮蔽角和高低角。

地形对选择隐蔽阵地的影响表现在：可能的隐蔽物缺乏足够的遮蔽度，因而不利于阵地隐蔽，缺乏足够的隐蔽物而不能容纳炮兵阵地的设置，地形的坡度与土质条件限制阵地的设置等。

地形影响间瞄射击的特点主要表现在：是否具有足够的遮蔽度；具有足够遮蔽度的地幅大小能否保证炮阵地的展开；有无道路保障等。在现代战争条件下，炮兵的生存能力转而表现在机动能力上，即建立在打了就转移的基础上。这对阵地与道路提出了更高的要求。地形分析时，眼光不应局限于某一个阵地的选择上，而要尽可能地选择多处阵地及道路。

1）计算遮蔽深度

选择炮兵阵地时，为了避免射击时的火光和烟尘被敌地面观察发现而暴露阵地，要求阵地具有一定遮蔽深度。遮蔽深度是指通过遮蔽物顶点的敌方视线至炮兵阵地的铅垂高度，如图3-7所示。

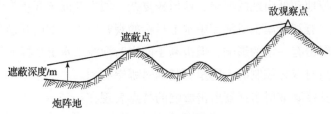

图3-7 遮蔽深度

由于不同火炮发射时的闪光亮度和烟尘大小不同，白天与夜晚的暴露程度也不一样，所以不同火炮阵地对遮蔽深度的要求各不相同。

2）确定遮蔽角

为充分发扬火力，炮阵地应满足一定的遮蔽角要求。遮蔽角是指炮口至遮蔽顶的连线与过炮口的水平面的夹角，如图3-8所示。它是地面炮兵确定最低标尺和高射炮兵选择阵地的依据。

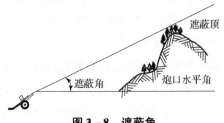

图3-8 遮蔽角

确定遮蔽角的大小，通常用计算法。设遮蔽顶对于炮阵地的高差为h，水平距离为d，如图3-9所示，则由图得遮蔽角α为

$$\begin{cases} \alpha = (h/d)1000（密位） \\ \alpha = \arctan(h/d)（°） \end{cases} \quad (3-1)$$

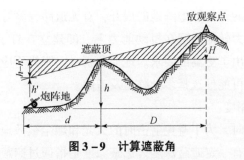

图3-9 计算遮蔽角

3. 判定射击死界与死区

受地貌、地物和弹道性能等的限制，使火炮射击不到的射程区段，称为射击死界，如图3-10所示。它等于过遮蔽顶的最低弹道的弹着点至遮蔽顶的水平距离。其中，弹道低于目标高度的地段，称为危险界；高于目标的地段，称为死角，目标在该地段内能受到很好的遮蔽。在横向范围内，火炮射击不到的射击死界所形成的区域，称为射击死区。

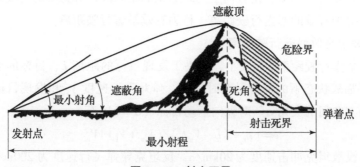

图3-10 射击死界

作战中，为缩小射击死区范围和区分射击任务，需对欲选的炮阵地可能形成的射击死区进行判定；为利用敌方的射击死区而计划自己的行动，也需以敌可能选作炮阵地的位置为准，判定其射击死区。

4. 分析地形对火炮射击效果的影响

山区炮阵地与目标间通常有若干遮蔽物，按测定的最低标尺确定的弹道，虽可使弹丸越过阵地前的遮蔽物顶，却不能保证弹丸超越炮阵地与目标间所有遮蔽物顶而命中目标，如图3-11所示。因此，在选择炮阵地位置和区分任务时，必须顾及此种情况。目前使用的方法是利用"弹道束图解表"进行分析或通过计算机建模分析。

图3-11 弹道与遮蔽物

5. 对运动目标射击的影响因素与特点

通视是构成直瞄射击的前提,但对运动目标的瞬间通视,并不一定能保证射击有效。因为射手从发现目标、准备射击直至弹丸飞抵目标需要一定时间,而在此时间段内快速冲击的目标已经行驶了一段距离。若地形条件能使这段距离连续通视,则能构成射击有效和命中的可能;否则,即使实施了射击,而当弹丸飞抵或尚未飞抵目标时,目标将因被地形遮蔽而使射击归于无效。据此,对火器位置而言,构成射击方向上连续通视的距离段,称为暴露行驶距离;而其中能使射击有效的暴露行驶距离,称为有效暴露行驶距离。

1) 确定有效暴露行驶距离

有效暴露行驶距离 l 的大小,取决于发现目标的距离 L、目标的运动速度 V_m、射手临战状态下的准备射击时间 t_0、弹丸飞行速度 V_f 和发现目标方向与目标运动方向间的夹角 α。对纵向运动目标($\alpha=0$)有

$$l = [t_0 + (L - V_m t_0)/(V_m + V_f)] V_m \qquad (3-2)$$

例:设敌坦克冲击速度为20km/h,反坦克导弹飞行速度为200m/s,射手射击准备时间为14s,求在3000m距离上发现敌纵向冲击坦克所需的有效暴露距离。

解:$l = [14 + (3000 - 20 \times 1000 \div 3600 \times 14)/(20 \times 1000 \div 3600 + 200)] \times 20 \times 1000 \div 3600 \approx 157$(m)

即反坦克导弹在3000m距离上,要求有效暴露行驶距离约为157m。

据统计,目前几种常用的地面反坦克武器,由中等水平的射手操作,于有效射程内发射一发弹的完成时间及要求的有效暴露行驶距离存在相关性。

2) 判定可射击概率

为评价火器发射位置的优劣和防区内配置某种火器的合理性,需要计算可射击概率。对火器发射位置而言,某一射击方向上的可射击线段 d(等于或大于有效暴露行驶距离的线段)之和与有效射程 D 之比,称为发射点在该方向上的可射击概率 p';在其射界内,诸方向上的可射击概率的平均值,称为该发射位置的可射击概率 p,它的大小是衡量该发射位置优劣的标志。对防御地域而言,对某种火器所选诸发射阵地的可射击概率的平均值,称为该地域配置此种火器的可射击概率 P,它的大小是衡量该地域配置此种火器是否合理的依据,即

方向可射击概率:

位置可射击概率：

$$p' = \sum d/D$$

地域可射击概率：

$$p = \sum p'/n \qquad (3-3)$$

$$P = \sum p/N$$

式中：n，N 分别为 p' 与 p 的个数。

目前，只对反坦克导弹的使用进行可射击概率的计算。其具体作法是：先按战术要求和地形条件，在防御地域内选定发射位置；而后逐点、逐方向绘制遮蔽界断面图；再逐次在每一方向断面图上量取大于或等于有效暴露行驶距离的通视线段长 d；这样即可按式（3-3）计算可射击概率，进而对发射位置和使用反坦克导弹的合理性作出结论。

（二）分析方法与要点

分析地形的射击性能是为了选择有利的阵地位置，确定射界。也就是说，在选定射击位置上的射界范围内应当没有妨碍和影响发扬火力的障碍物。这类障碍物来自地貌、植被、居民地等。避障碍，选开阔地形是分析的基本原则。分析的要点是在明确射击任务的前提下，指出对观察、射击有影响的遮蔽地域；分析可以利用的林缘、居民地附近的低矮植被、森林的株距及村边树林的情况，以确定水平能见度好坏，进而确定射界的优劣；指出可被敌人用来掩蔽自己而不利于我射击的地表形态，根据土质情况指出敌人必须挖掘并使用的防御坑道的可能位置，标绘出岩石出露及巨石所在的范围和地点等。对于间接瞄准武器，应通过分析、情报，指出敌观察所和炮阵地的可能位置；我方最有利的阵地位置，包括基本阵地、预备阵地和临时阵地；指出最适于火炮进出阵地的地形条件和道路，以便在这种地形上尽可能利用已有道路或新辟军用道路。

分析的方法仍为单要素透明图叠加分析法。如事先没有进行单要素分析，可采用先地貌后植被、居民地的逐次分析法进行分析。这两种分析都是首先从地貌分析、标绘入手，以确定影响射界的遮蔽地域；其次根据植被、居民地分析水平能见度，判明地形开阔情况。对于间瞄火器阵地，在分析了敌我双方不同的遮蔽地域后，进而可分析遮蔽度，结合地形和道路条件，作出分析结论。

以上分析了陆上射击作战环境分析，两栖在海上泛水冲击过程中，还要进行海上射击。由于观察以通视为前提，通视以观察点与目标之间没有遮障为条件。广阔的水面似如平镜,无遮无掩,故不影响观察,也不影响射击。但对水系的观察而言,军事上是指陆地观察点对水上目标的观察,或舰船上对水上目标的观察,这就更增大了观察距离。

三、隐蔽作战环境分析

(一) 分析地形隐蔽程度

通常所说的地形隐蔽,实际上包括隐蔽、遮蔽和掩蔽三层含义。

隐蔽是指利用天然地形条件,把部队的行动、部署隐藏起来,不被对方观察发现并能在一定程度上削弱对方的火力杀伤,如植被多具有此种作用。

遮蔽主要是指能遮断对方地面观察和直瞄火器的杀伤,其遮蔽物主要是地褶和人工建筑物。

掩蔽主要是指能遮断对方空中和地面观察,并具有一定防敌炮火毁伤能力。例如人工构筑的各种掩盖工事和天然洞穴等。

1. 分析隐蔽程度

地形的隐蔽程度,主要取决于植被中的森林、疏林、密灌和农作物的状况。其具体分析方法是:

(1) 用近期遥感图像,对地形图上的植被分布范围、类别进行修正。

(2) 确定森林、疏林的分布范围与面积。

(3) 依被隐蔽目标的性质,确定图上密灌、高草地可纳入隐蔽范畴的分布范围与面积。

(4) 依作战季节农作物的生长状况,估算可用于隐蔽的范围。

(5) 按下式计算该地区的隐蔽率:

$$隐蔽率 = 有隐蔽作用的面积 / 分析地域总面积 \qquad (3-4)$$

2. 分析遮蔽程度

地形的遮蔽程度,取决于起伏的地貌、沟壑、堤坎和居民地建筑物。判定地形遮蔽程度的目的,主要是查明敌我双方为躲避对方的观察和直瞄火器杀伤而可利用的地域与程度。其分析方法是:

(1) 依图选择可能的观察与直瞄火器的发射位置。

(2) 按"遮蔽地区的判定"方法绘出遮蔽地区,同时把沟壑、居民地的分布范围视作遮蔽地域。

(3) 按下式计算该地区的遮蔽率:

　　　　　遮蔽率＝诸遮蔽地域面积之和/分析地区的总面积　　　(3－5)
　　3. 分析掩蔽程度
　　分析地形掩蔽程度，主要查清欲设阵地范围内已有的可供掩蔽的洞穴、坚固建筑物、地下室、地下人防工程、矿井等的分布与数量。分析的目的，是判定这些地形元素可供掩蔽的容量和可资利用的程度，并计算掩蔽率，为制订工程构筑计划奠定基础。掩蔽率计算公式为

　　　　　掩蔽率＝已有可资掩蔽的容量/需要掩蔽的总量　　　(3－6)

（二）估计地形伪装程度

　　伪装是示假隐真欺骗对方，以达到保护已方目标的一种措施。对地形伪装程度估计，就是对战区内的天然伪装物的分布、性质和可利用程度作出评估；判定实施人工伪装的难易程度。其判定原则是：

　　（1）森林郁闭度大于0.5时，为天然伪装地域，能隐蔽部队的运动与集中；郁闭度在0.25~0.5，只能隐蔽点状目标；郁闭度在0.25以下，目标与部队运动需作人工伪装。

　　（2）疏林、零星树木，只能为实施植被伪装提供和谐的背景。

　　（3）密灌、高草地，当高度能掩没目标时，可对付空中可见光与雷达侦察，可视为天然伪装地域；否则，只能成为伪装的和谐背景。

　　（4）森林、密灌分布面积大于总面积1/2时，地形条件利于伪装；小于1/10时，伪装困难；其余则属伪装条件一般。

　　（5）山谷、冲沟、陡壁和起伏较大的山区，应视为利于伪装的地貌元素和地区。

第六节　指挥观察所、炮兵阵地选择作战环境分析

　　指挥作战的机构和场所称为指挥所。它是组织、指挥战斗的核心，也是敌人着意破坏的主要目标。观察战场情况的机构和场所，称为观察所。它由指挥所派出，配置在便于观察和地形隐蔽的位置上。为对整个作战行动地带和两翼进行全面观察，各级都建有观察所（哨、员），以构成纵深配置的观察体系。

　　观察是实施正确指挥的前提，观察所是指挥所的重要组成部分。在分队以下的攻防作战中，由于责任地域不大，又多为现场指挥，观察、指挥的场所合二为一，称为指挥观察所；而合成营以上部队，由于作战涉及的地幅较大，多

为非现场指挥，为及时掌握战场情况，应向前派出观察所，并得到编成内诸级观察所的网络报告；而指挥所则稍靠后，配置在安全、隐蔽、能实施稳定指挥的位置上。为能实施直接观察，还应在指挥所近旁构筑一定的观察工事，供指挥员随时观察。

一、观察所应具有的作战环境条件

观察所的主要任务是保障对战场实施广泛而不间断的观察。为此，在选择观察所位置时应注意以下地形条件的作战性能。

（一）视界开阔

观察所所处位置，必须能对责任地域进行广泛的目视观察。为此，其位置应选择在地势较高的地方，如高地、较高建筑物和树上等。但由于地表起伏和地物的不均匀分布，总会形成一些观察死角。常以通视率的大小，作为衡量观察所优劣的依据之一，并以其作为"视界开阔"的定量描述值。

设 s 为责任地域的面积，s' 为观察所能观察到的面积，则该观察所"视界开阔"的定量表达式为

$$U(s) = s'/s \qquad (3-7)$$

（二）地形隐蔽

观察所不被敌地面和空中侦察发现，是保障有效和不间断观察的前提。它的位置不能选在明显突出的地物或地貌点上，如高大的独立建筑物、独立树，形状奇特、颜色突出、背景透空的高地等。因为此类地形因其明显突出而常被敌选作方位物或试射点加以注意和利用，易于为敌发现而遭袭击。故应选在植被茂密处的外沿，背景颜色纷杂、平面斑纹不一的高地正斜面或侧坡处，不透空高地的顶界线附近，森林、村庄向敌边沿，高而不突出的建筑物或大树上。

（三）前阻后联

为保持观察所的稳定，其前沿地形应具有一定的障阻度，特别应具有一定的高差和坡度，以防敌坦克的袭击；但为发挥其观察效用，其反斜面地形既要有一定的隐遮蔽作用，又要便于运动，以便敷设和建立有线通信与必要情况下的运动通信。故正斜面高差大坡度陡，而反斜面高差小坡度缓的地形，以及高地之后有纵向山脊、山背与指挥所相连的地形，是满足前阻后联的理想地形。

（四）利于防护

未来战争使用战术核武器的可能性是存在的，而核爆炸对观察所的主要破

坏因素是冲击波所产生的超压。不同的超压对不同抗力级的观察工事将会造成不同程度的破坏。

考虑到敌军在进攻战斗中实施战术核袭击的主要目标是地形要点，使用的当量多为2万吨级，爆炸方式为低空，以便不给自己的前进造成障碍。故观察所位置一经确定，即可依其距判定的核爆中心投影的距离（半径），估算其遭受破坏的程度。

（五）位置符合战术要求

各级观察所的位置应该尽量靠前，并要靠近主要作战方向。作战原则规定：防御时配置在本级第二梯队阵地内或第一梯队阵地后方的有利地形上；进攻时，则选在第一梯队配置地域内。当然，战术分队的观察所是与指挥所一致的。炮兵分队的观察所，距前沿（防御时指己方前沿，进攻时指敌前沿）通常在较短距离以内。

二、观察所的选择

选择观察所，首先应明确双方的前沿、主要作战方向和责任观察地域，以及阵地编成情况，这些是前提条件。其次，于地形图上按观察所的位置要求，在统览全区地形概貌的基础上进行预选。先在靠近主要作战方向上，选择观察纵深大的制高点，并由此向观察地带绘制通视地域图，以此判定该位置所具有的观察程度；之后，再顺次选择其他适宜之点。一般来说，在一个点上看清楚本级整个作战地带是困难的。这就要求在绘出通视图之后，针对遮蔽地域的位置所在，在图上我方控制区内，分析寻找能看清该遮蔽区域之点，作为辅助观察所（哨），专门负责对该遮蔽地域的观察。特殊情况下，观察哨也可选在友邻地域内。通常，谷地、反斜面、居民地和森林的后面容易形成观察死角，而与其毗邻的山脊、山背分水线的顺延方向上，则易于找到能通视该区的点位。显然，理想的观察所，应该没有或少有辅助观察所（哨）即能统观全区。

预选工作结束后，即按前述观察所应满足的条件，依地形实际进行综合权衡比较，选定出理想的观察所、哨位置，并逐级形成观察网络。通常，连在指挥观察所内实施观察；营以上，除观察所外，尚需向外派出1~2个观察哨。

若有空中侦察像片，选择观察所的工作可在立体观察下进行。若条件允许，还应到实地进一步勘察落实，以防新增地物和植被生长变化对观察产生意想不到的影响。最后在确保隐蔽的前提下，构筑观察工事和进行伪装。如果不与敌人直接接触，最好到敌人可能占领的地区进行反观核实。

在具体确定观察点位置时应注意：若是城市居民地地形，由于在建筑物群中观察难度较大，通常只能看到街道和附近部分房屋的正面，故为观察敌配置纵深，常需派出较多的观察哨（所），并应设置在多层建筑物的顶楼、钟楼上，但不宜配置在易引起敌军注意的残存建筑物中；对街道、广场的观察，应选择在拐角外的建筑物中。观察孔应尽量利用炮洞，或在伪装条件下于墙上专门开凿，但不得利用门窗。平坦地形观察条件较好，只要在稍高的地点上实施观察，即能直视较大范围与纵深。山地由于起伏较大，欲想看清整个作战地域，至少要在两个以上的点上实施观察方能消除死角。由于山地作战具有较多的迂回包围可能，所以，不仅应在正面、两翼、后方组织多层次的环形观察，而且应按高度梯次配置。通常宜把观察点选在制高点、山垭口、山脊、斜面顶界线附近，尤其注意选择那些能够顺着山脊、山隘口、谷地和洼地观察到纵深地形的点位。任何情况下都不能放松对那些初看起来不能通行，而实际上对侦察人员是可以通行的地段的观察。山高，并不总是有利于观察的，因高差较大的俯视观察，常使沿山脊的诸起伏高地及死角难以辨别，并由此产生能纵观全局的错觉；且高大的山峰常常云雾缭绕；山脚地带也容易形成死角。所以，实地选择观察点位时，不要以高度为依据，而应着眼于视界、隐蔽与防护条件。在选择通往观察所（哨）的路径时，一定要能防敌观察并不得踩出小径。构工时，不要破坏与周围景观的谐调。森林地区，观察点可选在林斑线、道路的交叉口旁；也可配置在散兵坑内，并伪装成树墩、倒树、灌木丛；也可选在树上，即选择一棵生长在高地上的粗壮、叶茂、高大而又不突出背景的树上作观察点。沙漠地区，地形开阔，有助于发现目标，观察点可选在沙丘侧背或沙岗上的掩体内。

观察所（哨）一定要注意隐蔽，一旦被敌发现就会被摧毁；但敌人也可能故意在你的面前隐真示假，使之产生错觉，直至发起进攻前才行摧毁，故应慎重和全面分析观察到的敌情。

三、指挥所的选择

尽管指挥所的主要职能是组织、指挥战斗，但为实施正确的指挥，仍须辅以必要的观察，这在战术范围内尤其如此。因此，指挥所的主体虽然是大量的掩蔽工事，但其附近必须有便于观察的有利地形并构筑一定的观察工事。这就决定了指挥所的选址条件，既要满足隐蔽构工、具有较大的抗力，又要具备观察条件。指挥所的选址应满足以下地形条件与战术要求：

（1）附近有视界开阔、地形隐蔽、前阻后联，利于设置观察所的有利地形。

（2）地形不利于机降和坦克袭击。指挥所是战斗的神经中枢，是敌空中袭击和地面偷袭的重要目标。所以指挥所应选择在地形较为复杂、谷窄岭高的反斜面、丛林之中，或建筑物地下室之内等处。其地面坡度要超过15°，避开平屋顶，平坦地幅不要超过44m×4m，即不容许一个直升机中队能实施机降。若有较多的架空输电线、通信线路穿过，亦能对防机降产生较大作用。同时，地形要有一定的障阻度，以防敌坦克突袭。

（3）利于工程构筑。由于指挥所要构筑较多的掩蔽工事，而且级别越高，工程构筑量越大，因此，对土质的要求较高，既要便于挖掘，又要能有一定抗力。故应尽量利用已有的山洞、窑洞、矿井、溶洞等天然掩蔽所，以减少工程量。

（4）便于稳定指挥。为避开敌核武器的袭击而实施持续稳定的指挥，指挥所应尽可能远离敌必集中力量攻击的地形要点、交通枢纽、重要隘口。要选在出敌不意而地形隐蔽的地方。从防敌核袭击角度出发，考虑到敌战术核武器的当量一般在10万吨级以下，其对抗力分级为轻型、加强型掩蔽部的破坏半径分别为1.3km和1.0km。因此，指挥所按掩蔽部抗级的不同，距上述目标的距离应大于1.3km或1.0km。

（5）位置要与作战部署和预计的情况发展相适应。保持持续不断的稳定指挥，是确保胜利的关键。所以指挥所的位置，既要有利于对主要作战方向的指挥，又要适于情况发生变化时，不变更或较长时间内不需变更位置而可持续指挥。

指挥所的选址要求大体如上所述。一般而论，它也可以通过量化、预选、综合分析与评估，最后筛选出理想的位置。但由于对它的选定更具"意外"性，故一般不做过多的预选和评估，而直接选定。当需进行评估预选时，也可按前述定量综合分析与评估的方法进行。

四、炮兵阵地应满足的作战环境条件

（一）便于发扬火力

地形条件对炮兵火力的制约主要表现在炮阵地遮蔽物所决定的最低标尺

（或最小射角）、目标遮蔽物所形成的射击死界，以及整个射击区内诸遮蔽物相对于炮阵地所形成的射击死区的总和。最低标尺（或最小射角）是指射弹恰好通过遮蔽顶的弹道所相应的标尺（或射角）。据弹丸在真空中的射程公式：

$$X = \frac{V_0^2}{g}\sin 2\theta_0 \qquad (3-8)$$

式中：X 为射程；V_0 为初速；θ_0 为射角；g 为重力加速度。当射角小于 45°时，即进行低射界射击时，由式（3-8）可以看出，射角越小，射程越近。故遮蔽顶所决定的最低标尺（或最小射角），决定了该阵地遂行低射界射击时的最小射程；同时也决定了从最大射程至最小射程的杀伤距离。当射角大于 45°时，称为高射界射击。由式（3-8）可以看出，此时射角越小，射程越远。因此，对遂行高射界射击的火炮而言，阵地地形条件所容许的最小标尺，决定了它的最大杀伤距离。因此，战时需要依目标所具有的射程，对阵地地形必须达到的最低标尺提出要求。

地形起伏较大的山地，在炮阵地和目标区域之间，往往有若干个遮蔽顶，而根据邻近炮阵地的遮蔽顶所决定的最低标尺，往往不能保证射弹都能超越诸遮蔽顶而命中目标。因此，在选择炮阵地时，还应充分研究炮目之间的地形起伏状况，以保证所选阵地能对目标实施有效打击。

（二）**地形隐蔽**

炮阵地的地形隐蔽条件，首先要求阵地前方有遮蔽物以遮断对方的地面观察，并按炮种的不同，满足一定的遮蔽深度，以便火炮发射时不为对方看到火光和烟尘。因此，炮兵群阵地通常选在山岭、高地、建筑物、森林或密集行树、灌木丛之后，以及谷地、地褶、冲沟之内，形成遮蔽阵地；其次，要对付敌空中侦察，即炮掩体要选在对空隐蔽较好的地形点上，如选在植被茂密、地形背景颜色纷杂，以及物体阴影长深的地方；或沿线状地物、地貌进行配置，如田埂、地界、沟渠、行树等，特别是阵地中的交通壕，可沿此构筑。阵地附近一定不能有独立明显的地形特征点。此外，在阵地侧后方，还应有便于疏散、隐蔽配置车辆的适宜地形，如坑穴、沟壑、树丛、灌木丛、崖壁等。

炮阵地的隐蔽程度，可分别按对地面和对空中的隐蔽程度来描述。凡阵地地形条件达到遮蔽深要求的，地面隐蔽度取 1；否则，取 0。

（三）利于机动

现代战斗瞬息多变和反应迅速的特点，要求炮兵实时、广泛地转换阵地和机动到指定位置。所以，炮阵地应有便于进出的道路。通常旅进攻配置地区内，旅、营炮兵群（分队）阵地附近，各应有一条横向道路。若不具备，则应修筑急造军路，并应力求短捷、土质坚硬。若有难行路段，则应尽量就便取材，予以克服。

（四）有适宜的地幅和土质

炮兵群通常以连为单位构筑遮蔽阵地，按营相对集中。但为增大自身生存能力，削弱敌地面和空中侦察效果，以及减轻敌直升机直线火力的威胁，目前炮兵连配置队形一改直线配置方式，而更加强调依地形实际疏散配置成四边形、半圆形、前（后）三角形或不规则的一线形。

此外，要求阵地地幅内地面平坦，土质硬度适中，既便于挖掘构工，还要有一定抗力，以防后坐力使炮身移动，同时要求火炮射击时不产生尘土飞扬。所以，阵地应尽量选在黏土地、夹石地上，而不能选在基岩裸露的岩石地、石块地或沙土地上。

（五）阵地位置符合战术要求

炮兵群的阵地位置要符合战术要求。在防御战斗中，为能从远处开始打击敌人，逐次消耗敌对我主阵地的冲击力，以及支援第一梯队旅（营）抗击敌人的进攻，炮兵群阵地的位置，必须选择在有利于对第一梯队阵地直前的纵深地带实施有效打击。

五、炮兵阵地的选择

（一）确定和图上计算最低标尺

图上研究、预选炮阵地时，应在预选位置的中央（基准炮炮位）向前方绘出基准射向，再沿此方向左、右各 5-00 密位射界（或指定的射界）内，判定遮蔽物的最高高程，从而依此计算阵地的遮蔽角和最低标尺，即

$$遮蔽角\ \alpha = \frac{炮遮高差 \times 1000}{炮遮距离 \times 1.05}$$

$$最小射角\ \phi = 遮蔽角\ \alpha + 炮遮距离加\ 200m\ 相应的射角$$

$$最低标尺\ n = 遮蔽角\ \alpha\ 相应的标尺分划 + \frac{炮遮距离 + 200m}{50}$$

（二）分析地形对射击效果的影响

千姿百态的起伏地表和地物分布状态，不仅影响炮阵地的最小射角，而且影响对口标的命中效果。因为在炮阵地与诸目标之间可能存在着若干遮蔽物，按照一定射角发射的弹丸，虽可越过阵地遮蔽物顶，但却不能保证超越炮阵地与目标间的所有遮蔽物顶而命中目标。因此，在选择阵地和区分任务时，还必须顾及这种情况，特别在起伏较大的山区尤为重要。对于射击效果的分析，目前有以下两种方法：

1. 图解分析

一定的炮种，按不同标尺和不同装药，对应地有不同的弹道轨迹。因此，对任一炮种，可区分标尺与装药，预先绘制出不同的弹道轨迹而订成"弹道束图解表"。当欲判定对某目标的射击效果时，可将炮阵地、目标和中间诸遮蔽物顶的空间位置标定于该图解表上。由此，既可以验看所定标尺与装药能否使弹丸命中目标，也可以从中寻找出一条能命中目标的弹道所相应的标尺与装药。

若炮目间有若干个遮蔽物时，则需逐次按以上方法分析超越诸遮蔽物的状况；当然，也可将诸遮蔽物顶全部都标绘在弹道束图解表上，并择其中影响最大的一个遮蔽物顶按上述方法分析。若求得的最低弹道位于诸遮蔽顶之上，即可以此弹道作为判断能否命中目标和决定射角与装药的依据。

2. 射表法

每一种火炮都有自己相应的《射表》，从中可以查取射击诸元和判定超越诸遮蔽物的状况。由于该方法多用于炮兵射击，此处略去。

（三）炮兵群现地地形研究与选择

当情况紧迫或条件不具备在室内进行地形研究与选择时，通常在上级指定的配置地域内，现地研究地形和选择阵地。

（1）首先利用地形图对配置地域的地形进行定性分析，粗略地选定一些可作为炮阵地的预选位置和实地勘察路线。

（2）顺次到达预选位置，按照炮阵地应满足的地形条件逐项核实，使用仪器测定最低射角和确定遮蔽纵深，而这两个数据必须满足要求。

（3）对勘察过的诸预选阵地进行比较，按优劣顺序和阵地转换的方便程度，筛选出炮兵群的基本阵地和预备阵地。

第七节　浅近纵深作战环境分析

一、分析内容

攻防战斗是一对矛盾体，同时也是一个整体，在进行登陆战斗作战环境分析时，既要从我方进攻角度进行分析，也要从敌方防御角度进行分析，两者相辅相成，互为补充。防御战斗主要根据地形等环境特征、敌情、敌方企图判断和确定敌进攻轴线与接近路及进攻方向，进而确定防御方向、防御要点、阵地配置。进攻战斗则同样是根据地形等环境特征、攻方编成、企图来判断进攻方向、接近路、要点、需夺控或摧毁的重要目标，攻守双方在判断时一方面要以环境尤其是地形为依据，另一方面要根据敌方部署、阵地配置、主力动向等来展开分析，守方还需考虑敌方是否会采用奇袭方式，从不利地形方向发起进攻或侧翼迂回。

另外，在巩固登陆场时，也要进行防敌反冲击等防御战斗，因此分析内容包含进攻方和防守方的分析。

（一）攻方分析内容

1. 确定进攻目标

确定进攻的目的或明确上级的进攻目的，根据进攻目的选定可达成此目的的目标；目标可为制高点、重要居民地或建筑、桥梁等机动路线重要节点等。

2. 分析接近路

依先迂回、次包围、再突破的顺序选定通往目标的诸条接近路；通过综合分析与评估，从中筛选出一条较理想的接近路作为进攻方向。显然，由于综合分析与评估时，既考虑了地形条件，又考虑了战术要求，所以，被选作进攻方向的接近路，并不一定是地形条件最好的那条接近路。此外尚应指出，进攻方向必须是指向为达成目的而选定的进攻目标的方向。如图3-12所示，以夺取 A 高地为目的进攻，进攻方向可在1（山脚接近路）或2（相当于平地接近路）中选择；而接近路3，则是为配合歼灭 A 高地之敌，可选定的迂回穿插路线，其作用在于夺占桥梁断其退路，因此，它不能被视为夺占 A 高地的进攻方向。

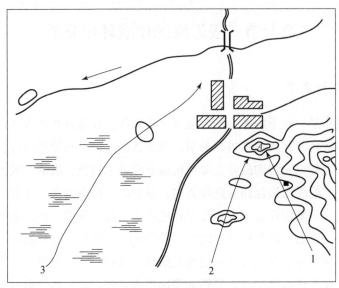

图 3–12　迂回接近路

3. 分析要点体系

地形要点是守方以点制面稳定防御的支柱，也是攻方为达成进攻目的而必须夺占的地形目标。分析敌人防御要点的位置和体系构成时，其首要的依据是双方的企图，因为要点总是选择在地形条件相对利于攻方达成企图的方向上；其次要研究该方向上诸地形单元自身的形态特征，只有具备适于防御的良好基本作战性能，才有条件和可能被选作地形要点；再次要分析它们相互间的地形关联和由此而产生的战术关联与战术价值，因为任何要点都不是孤立的一点，而必须具有战术上的相互依托、互相策应，才能以点制面；最后，再分析通往要点的诸接近路和为遮断接近路而守方必将选定的次一级要点或支撑点，以形成核心与屏障要点的要点体系。

4. 分析敌阵地编成和前沿位置

地形要点既然是防御的支柱，因而它的布局就决定了防御的框架。由此框架即可推断敌人的阵地编成和兵力部署。首先从双方的企图所决定的主要作战轴线附近开始，判定诸要点的地幅和瞰制范围，它决定着配置兵种和兵力的大小；其次研究相邻要点的主次和战术关联，凡唇齿相依战术关联密切者，必由同一建制部（分）队进行防守，反之，则是战斗分界线通过之处；依此，结合敌人的编制与编成以及防御原则，站在敌人强固防御的立场上，即可将敌主要合成部（分）队的防御地域初步判定。

5. 分析进攻方向

分析敌阵地编成和要点体系的目的，是为突破它、占领它。而欲达此目的，就要寻找出一条有利的主攻方向，以迅速夺取能震撼敌军而威胁其防御稳定的地形要点。其要领是：决定出欲夺取的核心要点后，在图上分析通往该要点可能有哪些接近路；然后分别按其类别、地形条件、战术效力以及对己方综合战斗力的适应状况进行优选，从而筛选出一条最佳接近路作为夺取该要点的主攻方向。为牵制敌人、隐蔽企图而不暴露主攻方向，通常应在宽大正面上发起进攻。这就是说，还要用适当兵力，在其他适宜进攻的方向上，配合主攻实施助攻。而助攻方向的选择，同样是在确定目标之后，由诸接近路中择优选定，它仍与实际地形条件密切相关。

6. 分析反冲击方向

登陆战斗中，抗（反）登陆方为使阵地具有较大的弹性，通常在选定要点之后，随机拟定了该要点一旦丧失或即将丧失时，如何以反冲击行动重新夺回要点或击退对方的进攻，改善或恢复原防御态势的反冲击计划。因此，在扩大和巩固登陆场阶段，为确保开辟的战役或战术登陆场安全稳定，在选定进攻方向和拟定进攻计划时，就必须有预见地判定敌反冲击预备队的配置位置、开进路线、展开地线和实施反冲击的方向，以便事先做好抗击敌反冲击的地形研究与利用，以及做好炮火拦阻与压制计划。

7. 分析穿插路线

穿插是从敌防御薄弱部位插向其纵深或后方，袭击敌纵深内重要目标，夺占地形要点，断敌退路，阻敌增援，分割打乱敌人部署，或从后方逆反发起攻击的战斗行动，是实现对敌歼灭性打击的重要措施。穿插行动的地形研究，是在对敌阵地编成、要点体系和兵力部署已作出判断的基础上进行的。研究前应大体确定出穿插的企图和方式，以作为研究利用地形的依据。因为目的不同，选择的穿插夺取目标就不一样；穿插方式不同，对穿插路线的地形要求也不一样。

（二）守方分析内容

1. 划分地形单元

划分地形单元是进行防御阵地分析的前提，地形类别明显、主导地形要素相对完整、具有特定战术价值、适于一定级别的部（分）队遂行作战任务或构成战斗态势的地域,称为军事地形单元,简称地形单元。

地形单元是研究分析战场地形的基本单位。在研究战场地形时,首先要对战场进行地形单元的划分;其次逐一研究它们的基本作战性能;最后再依战术背景分析它们所具有的战术性能(战术价值),从而为指挥员选定防御要点、确定阵地编成和兵力部署提供依据。

2. 判断进攻轴线

进攻轴线是标示进攻方向、控制进攻地带的一条基准线。它可用一系列的地标(地点)连线标示;也可以道路为基准,因为攻方总是寻求地形的最小制约方向为主要进攻方向。现代条件下,凡是便于坦克和战斗车辆机动的纵向通路,如纵贯防区的道路、谷地,乃至个别地段的宽缓山脊,都将是选择进攻轴线的对象。

进攻轴线也是防御轴线,它是主要作战方向的中心线。衡量防御措施正确与否的主要标志之一,就是看主要防御轴线是否与攻方的进攻轴线针锋相对地一致,并以此为准,选择地形要点,进而形成具有一定宽度的主要防御方向。

判定防御轴线的关键是攻方的企图,即判定敌人要夺取的目标,这是轴线的终点;而敌人的现实位置则是起点,再依其间的地形情况和敌人武器装备、作战特点,即可确定适于其机动和发展进攻的连接路线,由此构成防御轴线。通常情况下,应对所有纵向道路、谷地、平缓山脊,以及重要的横向道路进行分析,从中筛选出最有利于敌进攻且危险性较小的路线为轴线。

3. 分析确定地形要点

防御要点是形成稳定防御的柱石。在防御作战中能够阻滞敌人的进攻,割裂敌战斗队形,拖住敌人或使敌不能放心大胆地绕过前进,并可作为反冲击(反击)的依托。为此,要点地形必须具备一定的地形条件和满足一定的战术要求。一般来说,前者突出表现为"险";后者集中表现为"要"。"险"是指地形条件险阻,利于防御。"要"是指战术上满足防御作战要求,不仅位居要冲,而且利于战术运用。"险"与"要",构成要点的主要表征,两者缺一不可。

选择地形要点方法较多,常用的有:室内利用地形图、航空像片或卫星图像、或通过堆制沙盘分析选定;也可直接在现地勘察确定。利用地形图选择要点最为方便,这是由地形图携带方便、显示地形形象直观,分析过程不受环境和设备条件的较大限制而决定的,是野战条件下广泛采用的一种方法。但由于地形图更新周期长，现势性差，地形信息载负量受比例尺限制大等缺陷，故在可能条件下，应尽量用新获取的航空（侦察）像片或卫星遥感图像进行修正，并辅之以现地勘察。

4. 分析判断接近路和主要防御方向

接近路是攻方为夺取目标而可能利用的通路。通过对这些通路的分析，可从中优选出主、次进攻方向。所以，对接近路的分析与评估，是进攻战斗中研究地形的重要内容。但对防御战斗而言，对攻方接近路的判定与分析，又是重要的立案基础。因为只有站在攻方的立场上分析其可能利用的接近路和可能选作的主、次进攻方向，才能有针对性地利用和改造地形，构筑工事，设置障碍，将通路遮断，并以被保卫目标为核心，形成要点体系或外围屏障，构成自己的主、次防御方向。衡量防御决心正确与否的重要标志之一，即是主、次防御方向是否与攻方的主、次进攻方向一致。

从以上可知，攻守双方最核心的分析点是接近路、要点的分析，它们决定了进攻的方向、防御的方向、进攻路线以及防御要点和兵力部署、阵地编成等，因此以下主要介绍接近路和要点的分析方法，以及前沿阵地编成分析方法。

二、接近路分析

（一）接近路的分类与特点

守方为了阻止和挫败攻方的进攻，总是在敌人的进攻方向上，选择有利地形，构筑数道防御阵地和防御地带，实施以点制面的防御；而攻方为了达成进攻目的，势必在宽大的正面和对方的两翼，力争多方向、多路逐次投入兵力，接续夺取诸地形要点，由战术突破发展为战役突破，最后夺取战役目标。我们把攻方夺取诸地形要点可能选择的进攻路线，称为接近路；而把纵贯阵地并利于发展进攻的路线，以及通往核心要点与阵地安危紧密相关的接近路，称为整个防御阵地的主要防御方向。显然，接近路是防御方向的组成部分，位于敌主要进攻方向上的接近路的接续与总和，即构成阵地的主要防御方向，对要点而言，攻方的主要接近路，就是要点的主要防御方向。接近路与道路没有必然的联系。就地形而论，接近路是指在战场上，攻方的步兵、装甲战斗车辆，在敌火下分散机动实施进攻的条形地带，它区别于行进时所选择的道路和为保障后勤供给而在行动地带内所确定的道路。

1. 山脊（山背）接近路

沿山脊（或山背）展开，直指制高点目标的通路，谓之山脊（或山背）接近路，如图 3-13 所示。显然，这种接近路一般出现在山地或起伏较大的丘陵地。通常情况下，它的坡度明显小于斜面的坡度。但是否适于坦克机动仍取决于实际坡度的大小、土质和各种障碍物的综合影响。多数情况下属于步兵的接近路，或坦克支援步兵进攻的接近路。

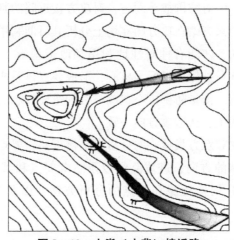

图 3-13 山脊（山背）接近路

当山脊起伏较大时，将形成较多的高地或地褶，具有较好的遮蔽作用。若它们之间的距离小于轻武器的有效射程，则将利于攻方交替掩护前进。若长有较高的植被，则更利于攻方隐蔽接近。此种接近路视射界条件一般较好。它的级别取决于能展开兵力的正面宽度。通常，若能展开一个连，则为营的接近路；若能展开一个营，则为旅的接近路，其余以此类推。

2. 山脚接近路

沿山岭一侧，纵向穿过数条横向支脊（或山背）之山麓，直指要点目标的通路，称为山脚接近路，如图 3-14 所示。此种接近路不便机动，上下坡变换频繁，耗时费力；但隐蔽性能好，能利用横脊的遮蔽作用交替掩护，跃进冲击。当横脊坡度不大时，则利于坦克和步兵混合编成发动进攻；否则，只适于步兵进攻。此种接近路视射界条件较好，有掩护地形，但有时地幅有限，多使用于高山区城镇外围沿山麓的战斗，以及沿宽阔谷地发动进攻时，沿两侧坡夺取要点的战斗。

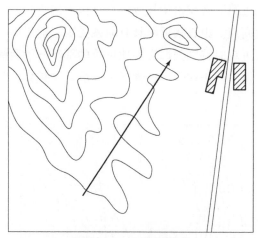

图 3–14　山脚接近路

3. 平地接近路

平坦地形上直指要点目标的通路，称为平地接近路，如图 3–15 所示。此种接近路一般来说便于机动，但会受到河沼、沟壑、村庄、森林等的影响。其观察受植被及居民地等突起地物的影响较大，一般不能超越射击。没有掩护地形，隐蔽程度较差，但展开地幅条件好，故适于坦克集群由行进间发起进攻时采用。

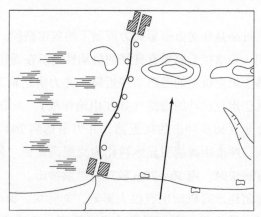

图 3–15　平地接近路

4. 山谷接近路

以谷地中心线（或道路）为轴线，指向要点目标（山隘口两侧高地、谷地中的城镇、交通枢纽）的通路，称为山谷接近路，如图 3–16 所示。此种接近路便于坦克、装甲车辆由谷地快速机动。但控制谷地的两侧山脊常为守方所扼守，故选此接近路时必须由步兵或坦克支援下的步兵，沿山脊逐一夺取守方控制谷地的诸制高点。山谷接近路具有通视受限、射界不大，受两侧高地瞰制严重的特点。故进攻时特别强调沿谷地进攻的部队与沿两侧山脊进攻的部队密切协同，相互支援，同步前进。通常适于合成营级规模的部队实施进攻，属于旅一级接近路。

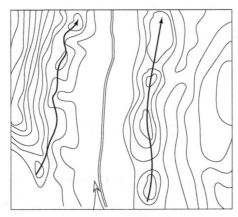

图 3-16　山谷接近路

(二) 接近路应具有的地形条件

1. 便于机动

一般来说，接近路是在对方密集火力控制下的攻击路段。因此，为缩短在敌火下运动的时间，要求接近路要有良好的机动性能。在通往同一要点的诸通路中，优先选择适于坦克机动的通路为接近路，并力争达到 20～25km/h 的速度。如果选不出适于坦克机动的通路（如在山地作战），也应尽量选取坡度较缓的通路，作为摩步兵徒步冲击的接近路，并力争达到 200～250m/min 的速度。因为坡度越大，冲击距离越明显地转化为克服高差而"做功"，士兵冲击极易疲惫。当速度过快时，跑 50～70m 就难以继续冲击。

此外，各种障阻地形对机动也有很大影响，如陡坎、梯田、冲沟、河流、水库、池塘、森林、灌木等。它们既影响机动速度，又迫使部队不断转变方向，并割裂战斗队形，或使战斗队形频繁收展，影响进攻锐势，增长敌火下运动时间。

2. 隐蔽、遮蔽条件好

接近路具有隐蔽、遮蔽性能很重要。它能保证攻方隐蔽地实施接近、展开并突然发起冲击，以减少被对方杀伤。较为弯曲的纵向谷地与沟壑，其隐蔽与遮蔽作用较好。利用其弯曲而陡峻的谷坡、崖壁，以及谷地两侧横向分布的支脊山梁、高地，可遮断对方的地面观察，削弱火器的杀伤；同时亦能削弱敌空中的侦察与杀伤。

若接近路是具有一定起伏的开阔地、半开阔地，或接近路上零散分布有土包、凹地、小居民地等，则有利于攻方利用地褶、负向地貌或突出物体的遮蔽作用，交替掩护冲击；并缩短了坦克的暴露行驶距离，降低了守方反坦克射击率。此外，森林、灌木林、斜向分布的堤岸，都具有良好隐蔽作用和一定程度的遮蔽作用，最利于隐蔽接敌。

3. 视射界开阔

攻方夺取要点的手段是凭借火力。所以，被选择为接近路的地形条件，必须保障攻方能有开阔的视野和能充分发扬火力。这对于视野受限的装甲部队保持进攻方向，在运动中发扬火力，以对付静止、固定而又隐蔽的防御目标尤为重要。研究接近路视射界条件的空间范围，应包括能展开成战斗队形的整个冲击地段。它随投入兵种的不同，而有不同的研究纵深。对装甲部队，应以要点直前 3~4km 计；对步兵，则 2km 纵深足已。这样的纵深基本上包含了他们的冲击距离与任务纵深。

4. 有足够的宽度

由于守方占有地利，以逸待劳、隐蔽地杀伤暴露运动之敌，故攻方欲夺取要点，必须投入优势兵力。这就要求接近路能有较宽的正面以展开兵力；否则，兵力再大，也无能为力。攻方夺取要点投入兵力的多少，通常取决于守方的防御性质、兵力和武器装备状况。通常认为，在双方武器装备状况相差不大的前提下，攻守双方投入兵力的对比约为 3:1。在通常情况下，接近路的正面宽度应满足能展开两倍于扼守要点的兵力。对于按后三角展开队形的攻方而言，攻守兵力对比为 3:1。可以此作为衡量接近路优劣的标准之一。

5. 有掩护地形

接近路有掩护地形的主要标志为：有能压制对方前沿火力以支援部队冲击的阵地地形；在距对方前沿约 400m、1000m、1000~3000m 的位置上，能为徒步冲击的摩步兵、乘车冲击的步兵和坦克冲击分队选择出隐遮度好的冲击出发阵地；有适宜隐蔽配置支援火炮阵地的地形。

（三）接近路的选判

接近路为攻守双方必须研究的内容。攻方从研究中选择 1~2 条最优路线，作为进攻方向去夺取目标。而守方则从研究中判定攻方为夺取目标可能选择的主次进攻方向；再通过区分兵力、构筑工事，将其遮断，形成自己的主次防御方向，以确保要点的形成与稳定。就攻方而言，谓之"选"；对守方而言，谓之"判"。然而，"选"与"判"的地形分析范围、手段与方法都是相同的，只是守方具有被动性，考虑的因素相对较多。因此，本节从守方的角度阐述其判定方法。

1. *明确要点接近路的主要方向*

根据要点所处的位置和作用不同，攻方选择通往要点接近路的考虑方向存有差异。通常情况下，前沿要点，重在考虑正面方向上可能形成的接近路；屏障要点，主要是前方经此并最便于通往核心要点所形成的通路；位于翼侧位置上的要点，则要考虑正侧两个方向上的可能接近路；而核心要点则是全方位的，即四周凡能构成接近路的通路，均应加以分析，以应付可能的迂回包围。

2. *按敌装备、编成和作战特点，预选相适宜的通路*

攻方在选择接近路时，必然优先选择适宜发挥其综合战斗力的通路为接近路。所以，对任何要点而言，在敌人可能进攻的扇面内，把明显不利于敌人进攻的缝带，如陡窄的槽谷、陡峻的坡壁、露岩分布区等，在图上标绘出来，那么任两相邻缝带之间的条带，即构成一条可能的通路，再舍弃那些明显不适于敌装备、编成和作战特点的通路，余者皆为可能的接近路。

3. *从态势出发，判定敌人可采取的接近路*

态势对于攻方选择进攻方向及确定主次和先后顺序有重要影响。有利的态势能对敌方形成制约与牵制，是一种空间战斗力。因此，攻方总是在态势有利的方向上选择接近路，直指守方安危相关的要点；或指向形成守方有利态势的要点，以期改善被动局面和发展进攻。

4. *分析敌人适宜投入的兵力*

任何一条可能的接近路，其不同的类别和宽度，适应于不同的兵种和兵力。攻方总是选择能一举投入优势兵力而夺取要点的通路为接近路。通常情况下，攻防要点的兵力应在 3∶1~6∶1。若接近路不能展开这样的兵力，则一般情况下由多条这样的通路组合而成能展开较大兵力的接近路。若正面狭窄的通路过分偏离进攻正面，一般可弃而不顾，除非它是能获得特殊战术利益的奇袭接近路。

5. 对每条可能（预选）的接近路进行综合分析与评估

按上述步骤可预选出通往要点的一些接近路，为评价它们的优劣，应按接近路应具有的地形条件和战术性能进行逐项分析，依客观容许条件作出定性或定量的分析结论，从而筛选出攻方最可能选取的接近路。

6. 分析可能的奇袭接近路

在判定出敌人可能采取的接近路之后，必须对那些因地形险阻而没有布兵、且敌人一旦克障之后，就能在该方向获得较大战术利益的险阻通路，进行认真分析。分析的重点是克障措施和所需时间；守方发现的程度和可能作出的反应；形成的态势和力量对比。若攻方穿过险阻地形后，守方也开始作出有效反应，若双方兵力相当，则势均。若攻方占领有利地形后，守方才开始在新的方向上作出反应，则该条接近路非常成功。

三、要点分析

影响防御体系安危和战役结局的地形单元，称为战略要点地形或要塞。把影响防御体系稳定或战役、战斗进程的地形单元，分别称为战役要点地形和战术要点地形。而把紧扼通往战役或战术要点地形的接近路，并成为这些要点屏障的较小地形单元，称为屏障要点地形或支撑点。而所有这些战略、战役、战术要点地形，统称为要点地形或地形要点，简称要点。

战术要点从属于战役要点，既可能是战役要点的组成部分，又可能是战役要点的屏障或间隙封闭点。任何战役要点的形成，都由诸多有机联系的战术要点构成，并以必要的战术要点封锁其间隙。战术要点又区分为不同级别，各级战术部（分）队在选定本级要点时，都必须以上级要点为核心，从稳定防御的角度出发而选定，并考虑相互间的协同与支援，从而构成要点体系。

（一）要点应满足的地形条件

1. 天然障阻作用大

防御的"地利"核心是险阻，即要求防御地形具有较大的天然障阻作用，这是形成易守难攻，建立稳定防御的客观物质基础，也是要点地形发挥"阻、割、拖、反"作用的前提。尽管军队的机动力较以往有很大提高，但对克服障阻度较大的天然地形，仍有很大的局限性。例如，削平一个高地，或在峡谷中开辟一条通道，仍然不是一件易事。另外，若不寻求天然障阻作用大的地形作防御依托，单靠人工改造地形、设置障碍进行防御战斗，是难以挫败坦克集群进攻的。所以，要点地形必须具有较大的天然障阻度。

2. 有良好的通视条件

开阔的视界是实施指挥、协同和发扬火力的必要条件。衡量一个地形要点的通视程度，不仅要以某个最有利的观察位置所能达到的视界为依据，而且要从实战角度出发，考虑整个要点范围内的通视程度，即根据该地形单元所处的位置（前沿或纵深）、作用、可能配置的火器种类，以及可能瞰制的范围，按战术要求选择一定数量的发射位置和观察所，确定出应有一定重叠的视界范围，然后利用地形图，分别求出它们的通视率，最后取其平均值作为该地形单元的通视率。若通视率在 0.8 以上，可以认为通视条件良好。但对可能作为指挥观察所的具体点位而言，应力求没有观察死角，以便统览整个责任地域的战斗情况。任何高级别的要点地形，应直视次一级要点的主要部分，以利于指挥协同。

3. 有较大的射击率

通视只构成射击的前提，通视率高并不等于射击率就一定高。因为从发现目标、准备射击至弹丸飞抵目标需要一定时间，而快速冲击的目标在此时间段内已运动一段距离。若地形条件能使这段距离连续通视而成为暴露行驶距离，则才具有射击与命中的可能；否则，即使射击，当弹丸将至目标之前，目标已进入地形隐蔽区，使射击归于无效。所以，任何武器对运动目标都要求有一段暴露行驶距离，才能实施有效射击。

4. 便于实施机动和支援

要点地形必然是双方激烈争夺的焦点，坚持战斗时间长，人员伤亡和物资损耗大。为稳定防御，要点地形后方应有纵向通路，以便及时补充兵力、物资和后送伤员。为支援屏障支撑点坚守和及时实施反冲击，核心阵地至屏障支撑点应有便于迅速机动的隐蔽支援路线。例如山地最好有平缓相连的山梁，以便构筑纵向交通壕；或有横向山背（山脊）相遮蔽的谷地。为对付敌人主攻方向变化，核心阵地后方应有横向通路，以便于实时调整兵力。总之，要点地形必须保障己方的机动自由。

5. 瞰制作用大

瞰制是指居高临下俯瞰敌人，以火力控制通道、谷地和四周大范围的地幅。防御时，能时刻观察到敌人的动态，较早发现和判明敌人的企图，并以准确的火力打击和挫败敌人的进攻；当转入进攻时，能掩护己方隐蔽接敌，以突然和压倒的气势发起攻击。显然，要点地形应该具有较大的瞰制作用，且它的归属往往成为决定态势利弊的决定因素。

地形要点的瞰制范围，通常以能观察到的距离和可能配置的各种火器中的最大射程为准。显然，具有瞰制作用的地形单元，应具有明显的高度优势，并位于主要作战方向或双方接触的敏感地区。

6. 依托性强

地形单元成为要点地形应具有的依托性表现在三个方面：首先，有险可依，能借助险阻地形减杀攻方的锐势，迟滞敌人的进攻；其次，要有一定地幅，以便按战术要求疏散隐蔽地构筑工事、配置兵力和兵器，形成兵阵合一的坚固壁垒；最后，便于部属逐级梯邻选定各自的要点，构成以上级要点为核心，下级要点为屏障的有机要点体系，要保证对下级屏障要点的有力支援和与同级要点的作战协同。而且这种支援和相互策应性越强，则地形单元的依托性越大。因为任何孤立的地形单元，即使地形再险，也难避免四周被围而终被攻陷的危险。

7. 锁钥作用突出

锁钥作用是指地形单元所处位置地当要冲。据而守之，则能紧扼咽喉要道，犹如铁门横锁，将攻方必经之路遮断，使敌展不开、攻不进；若一旦被攻方夺占，则势如破锁开关，启闸泄洪，将会使其长驱而入。现代条件下，虽然空中机动能力有很大提高，但主要的作战行动和最后解决问题，仍然依赖地面作战。且旷日持久的战争，更需依靠地面通道进行各种保障。因此，地形单元的锁钥作用十分重要，是选择地形要点应予优先考虑的条件。

（二）选判要点的步骤

1. 标绘态势图

态势图是研究地形的根据。在某种意义上讲，态势图是战斗矢量图，它既能反映力的大小（部队的级别、数量、性质），又能反映已做"功"或即将作用的方向。标绘态势图的目的，就是在图上分析战斗力的最佳合力方向与作用点，以便通过战斗达到敌我力量的转化与消长。

态势图通常依据上级通报、侦察情报、上级赋予任务时的情况说明和初步决心标定。标绘顺序为先敌后我；先责任地域，后关心地域。若上级已指明主要防御方向和防御要点，则应以铅笔在底图上标出，以作为选择本级地形要点的依据。

2. 判定防区地形类别

不同的地形类别，具有不同的地形基本作战性能。判定防区地形类别的目的，就是从整体上定性地掌握其对战斗部署、兵种合成、作战方式和后勤保障方面的影响。

判定地形类别，应首先从地貌要素入手，因为它是其他要素的载体，是构成地形的主导要素。要从等高线的形状特征和疏密程度所反映出的起伏形态、高差大小和坡度的陡峭程度来判定。地貌类型判定之后，再判定居民地、植被、水系和道路的分布状况。若其中某一要素较为突出，对作战行动构成较大影响，则可将该要素与地貌要素叠加起来，即是防区地形应属的地形类别。若这些要素均不突出，则防区地形的类别仅以地要素决定的类型为准，即属于一般的平地、丘陵或山地地形。

当所研究的地形范围较大时，其地形类别可能不一而足，此时应判定各类别地形的具体分布范围，以利于研究不同阵地的选择。在判定地形类别的同时，有时还需判定防区地形总的升降趋势，以利于选择前低后高的防御阵地，使纵深对前沿能实施较好的瞰制与支援；或考虑对攻方制造水障、增大障阻，减缓进攻速度的可达程度。确定地形升降趋势的方法，主要依水系流向、等高线的走向特征确定。必要时，可沿谷地中心线作出合水线，按其连成的叶脉状判定其主干合水线方向，即标明地形倾料方向。

3. 划分地形单元

在守方分析中，介绍了划分地形单元的基本概念，以下详细介绍划分地形单元的方法。

地形单元的划分，既取决于主导地形要素形态的相对完整，又取决于研究地形的层次与部队的级别。高层次或高级别部队的地形研究，地形单元可划分得大一些；低层次或低级别部队的地形研究，则可划分得小一些。通常以次一级部（分）队的防御地幅为参考值，依地形形态相对完整为条件，通盘考虑划定。

划分地形单元选择哪个主导要素，取决于实际地形，一定要选择本单元对作战行动影响最大的要素为主导要素，并保持其形态完整，以充分发挥其战术性能。通常山地、丘陵地以地貌要素为主导要素，因为起伏的山岭、高地具有明显的障阻作用和较好的观射条件，并对四周平地具有瞰制作用。平地，由于地表平坦，地貌要素几乎不再具有明显的障阻作用和良好的观射条件，而其他地形要素的基本作战性能被突出出来。例如城镇居民地、森林、湖泊与沼泽等的障阻作用和对视射界的影响，远高于平坦的地貌要素，故应针对地形实际而选定。

划分地形单元时，首先应统览防区地形概貌。对于高层次或高级别的地形研究，由于作战地区范围较大，应先判定山地、丘陵和平地的分布范围；然后再依实际地形类别选取主导要素而划分。对于合成营以下防区，由于地幅不大，故通常只在整体上判定为一种地形类别，并按同一主导要素而划分。山地、丘陵地为保证山岭或高地的形态完整，通常以河流、谷地、道路或合水线为单元的划分线；而平地，则主要以河渠、道路为单元的划分线。但任何情况下同一居民地不得为道路分割为不同单元。对于毗连山岭主脊的山麓低缓山丘地，因在结构与战术上两者密不可分，故应视作一个整体而不宜再依等高线区分为两个不同地形类别的单元。考虑到战术上要求各种发射工事，力求隐蔽、低下、疏散，故在山地、丘陵地多构筑在山脚及山腰的防界线上。因而轻武器的火力，可控制山脚外 800~1000m 的范围。按此，距山脚等高线 1000m 范围内的平坦地，将其包括在山岭或高地的范围内也是可以的。若距离更远、范围更大，则应视情况单独划为一个平地地形单元，以便于战术上作特定的分析。当然，这些原则取决于现有武器装备的战技性能，它是可变的。

4. 判断进攻轴线

参考本节守方分析内容。

5. 选择地形要点

选择地形要点，应在比例尺适当的地形图上进行。紧紧把握地形要点的险要表征，按照先主要防御轴线、后次要防御轴线，由前至后的顺序，边分析地形，边进行预选要点。开始可不顾及选取的数量，待预选结束后，再从稳定防御全局的角度出发，最后筛选出地形险要、布局合理、数量适当的地形要点。

1) 重点放在敌主要进攻轴线上

由前可知，敌主要进攻轴线，是地形条件最有利于攻方展开较多兵力实施突击和发展进攻的方向，也是我防区内防御地形相对薄弱，最不利于坚守的所在。因此，选择要点首先应着眼于该方向，通过地形分析，在薄弱之中找出相对有利的关键之点，以企通过改造地形，提高其障阻度；配置较多的兵力，实行强兵固守，以密集的火力和实时的兵力机动，遮断敌人的进攻通路，达到稳固防御的目的。但是，这并不意味着次要防御轴线不重要，而是那里的地形条件相对利于守而不利于攻，可以用较少的兵力扼守一些必要阵地或要点，即能达到稳固防御的目的。

2）以地形险阻为基础，重在分析战术关联

地形险阻是要点能长期坚守的必备条件，是形成要点的基础，必须考虑。但作为要点，重在战术价值，即只有在与周围的地形单元、地形要点，依所处位置，按地形内在控制规律，通过战术行动，能够产生兵阵合一的战斗力，以弥补地形的薄弱，形成抗击敌人进攻的基点，才能成为地形要点。并按产生军事价值的大小，区分为不同级别，或核心要点与屏障要点。因此，要对预选出的要点作进一步的关联分析，以区分主次。

3）着眼全局，确保上级要点的稳定与形成

一般来说，战术兵团以下各级的责任防御地域，均属于整个防御战斗地区的局部。而要达成全局的防御目的，只能通过逐级了解上级的意图，并按其主要防御方向和位于本级防区内的要点所在选择本级要点，才能形成符合防御全局的有机要点体系，而不仅仅囿于本级的责任地域。因此，选择要点时，必须利用地形图了解上级整个责任防区以及属于本级关心地域的地形，达到对态势、上级意图和自身所处地位的了解，再以此为指导，按上级的主要防御方向和选定的要点，来选择本级防御要点并保证上级要点的形成与稳定。

4）注意布局严密，数量适当

要点的地位越重要，越要保证它的形成与稳定，而稳定的构成，不仅取决于自身，还取决于相互间的依托、支援与策应。因为任何孤立的要点都会遭到四面围攻而难以坚守。但若要点之间在布局上能形成鼎立或犄角之势，则对战术要点而言，将因相互间的依托与支援而解除侧后被围之忧，变死阵地为活阵地；相对于攻方，则既有侧击之虑，又有分兵之忧。对战役要点而言，相互间虽不可能进行直接火力支援与协同，但在战役行动上却可以相互策应、互相配合，构成间接联系而形成活的防御体系。

所以，选出要点后，应从稳定防御的角度检查布局是否严密合理。必要时，可作适当调整。要特别注意暴露翼侧上的要点，要确保有足够的抗击时间，能应付战时主、次作战方向的转换和可能的地形反常利用。务使防区形成以点制面的有机整体。

否则，应另有部队加强。当主要防御方向的关键部位难以选出有险可恃的地形单元时，则应考虑以两侧邻近的险阻地形单元为依托，通过改造地形提高障阻，配置兵力，形成人工构筑的战术要点。例如反坦克网状阵地、交通枢纽部的居民地防御要点等。

第四章 两栖作战环境分析技术手段

本章介绍两栖作战环境分析的技术手段，主要有地形图、海图图上分析；遥感图像判读分析；计算机辅助分析及分析专题图等。图上分析是作战环境分析的主要技术手段之一，通过图上分析可以直接或间接获取主要的环境数据，是必须熟练掌握的基本技能。遥感图像判读分析是获取较新地理地形数据、气象数据的主要手段。计算机辅助分析是图上分析的拓展和补充，它比图上分析更为快捷和客观，分析的手段、内容更为丰富，但受限于模型，还不能完全替代图上分析，两者是相辅相成，互为补充的关系。专题图分析是作战环境分析的主要表现形式之一，具有直观、易懂、易使用等优点，是展现作战环境分析结果的重要手段和方法。

第一节 地形图图上分析

地图是研究作战环境的基本资料，也是表达作战环境分析成果的一种方式。在进行作战环境分析时，不仅要使用各种地图，还要设计和编制各类专题地图。地图学提供分析地图和设计、编辑地图的基本知识。地图为作战环境分析从定性走向定性与定量相结合奠定了基础。

两栖作战的主要作战空间在海岸带，其中，地形要素影响占有很大比重。地形图是研究地形要素的最重要资料，利用地形图研究地形，可以将广大区域内地形展现在眼前，解决实地目视所不能及而又必须统观战区全局地形的问题。现代地形图的测制，利用了新的科学技术，地形显示比较详细、准确，不仅能一般地了解地貌的高低、起伏和山脉、河流的走向及其位置关系，还可以从图上精确地测量方位、距离、高程和面积，且不受敌情、地形、天候和时间的限制。

值得注意的是，地形图上的信息也是有限的，如地形的季节性变化和新的地形变化，在地形图上就不能及时反映或反映不出来，这是地形图的不足。因此，利用地形图进行图上分析时还必须注意季节性变化和收集新的地形资料，不断更新和充实地形图的内容。

地形图是进行两栖作战环境认知与判断、作战指挥方案制定与评估等工作的基本工具。

一、基本量算

地形图基本量算包括距离、方位、面积量算等。

（一）距离量算

地形图上距离量算有两种情况：一是量算两点间直线距离，可采用直线比例尺、数字比例尺量算；二是量算两点间曲线距离，如沿道路行进距离。采用数字比例尺量算两点间直线距离公式为

$$实地水平距离 = 图上长/M \tag{4-1}$$

式中：M 为数字比例尺。采用直线比例尺量算时，可借助分规和图上直线比例尺量算，如图4-1所示。使两脚规的一只脚对准尺身右端相应（1km）整分划，另一只脚对准尺头所余值（250m）相应分划，则此时两脚规的张距即为图上相应长。

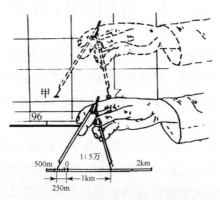

图4-1 利用直线比例尺量算距离

量取图上的曲线距离，通常用指北针上的里程表进行，里程表由表盘、指针、滚轮组成，如图4-2所示。表盘按圆周刻划，由内向外分别刻划1∶2.5万、1∶5万、1∶10万三种里程。量读前，先转动滚轮使指针"归零"（即用手轻轻转动使滚轮指针指向零分划），然后右手持指北针，使滚轮从图上起点

开始沿所量之线均匀地向前推至终点。推进时，应始终保持表盘竖平面与地图图面大约垂直。此时指针所指的表盘相应比例尺位置上的读数，即两点间的实地水平距离。图中指针所指的1∶5万比例尺的读数为12km。

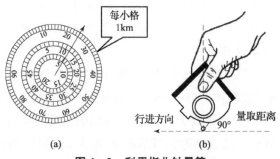

图4-2 利用指北针量算

（二）面积量算

确定分析区域大小、估算战场容量，如适宜机降地域的面积大小时，需要用到面积量算。当区域形状为规则形状时（如长方形等），可根据长、宽进行计算。当区域形状不规则时，则采用估算的方法概算。

1. 规则形状时计算面积

计算规则形状区域的面积在地形图上通过获取相关长度，再通过公式计算。例如，计算规则矩形的面积可通过长与宽的乘积来实现。

2. 不规则形状时计算面积

分析时遇到更多的是不规则形状的面积，此时，采用估算的方法进行。如图4-3所示，计算机降地域的面积。

图4-3 不规则形状面积

计算的基本思路是把形状分割为若干个小的规则形状，然后逐个计算后相加。分割的形状越多，精度越高，反之则精度越低。如图4-4所示，可将机降地域分割为4个长方形，分别计算其面积后相加。

二、地貌分析

地貌分析主要包括坡度、谷地、制高点、高

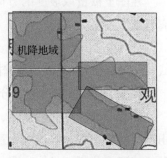

图4-4 不规则图形分割

差、通视、特殊地貌等分析。

（一）坡度分析

坡度通常是指斜面对水平面的夹角；但有时也指斜面上某指定方向对于水平面的夹角。坡度的大小通常用度数表示；但有时也用高差和相应水平距离的比值表示，称为倾斜百分比。在图上判定坡度，常用以下两种方法：

1. 用坡度尺量取坡度

地形图南图廓的下方绘有坡度尺，如图4-5（b）所示，坡度尺的底线上注有1°~30°的坡度数值和3.5%~58%的百分数，从下至上有6条线（1条直线，5条曲线），可以分别量取2~6条等高线间的坡度。量取两条等高线间的坡度时，先用两脚规（或直尺等）量取图上两条等高线间的宽度；然后到坡度尺的第一条（最上）曲线与底线间的纵方向上比量，找到与其等长的垂直线，即可在底线上读出相应的坡度。

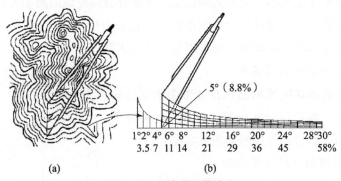

图4-5　用坡度尺量坡度

2. 计算法

在图上欲量取坡度的方向上判出两端点的高差，再量算出它们的水平距离，则坡度值为

$$坡度\ \alpha = \arctan(高差/水平距离)$$

或

$$倾斜百分比 = 高差/水平距离$$

（二）山体各部形态的分析

地貌形态虽然多种多样，但它们都是由山顶、鞍部、山背、山谷、山脊、山脚、斜面和凹地等地貌元素组成的，掌握识别地貌元素的要领，就能进行各种地貌形态分析。具体如图4-6和表4-1所示。

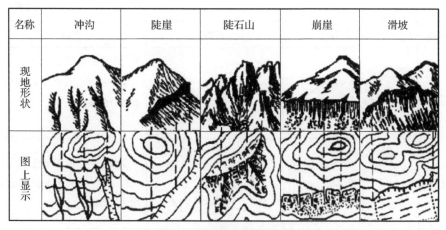

图 4-6 特殊地貌的识别

表 4-1 地貌形态分析要领

名称	基本形态	图形	简注
山			用一组环形等高线表示，有时在其顶部最小环圈的外侧绘有示坡线
山背			从山脚至山顶的凸形斜面，是一组以山顶为准向外凸的等高线图形
山谷			两山背间的凹形斜面，是一组以山顶（或鞍部）为准向里凹的等高线图形
洼地			低于周围地面且无水的地方，通常在其等高线图形的内侧绘有示坡线
鞍部			通常既是两个山脊的下端点，又是两个山谷的顶点

续表

名称	基本形态	图形	简注
山脊		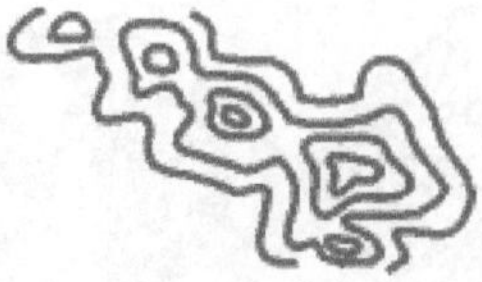	若干山顶、山背、鞍部的凸棱部分的连接线
台地		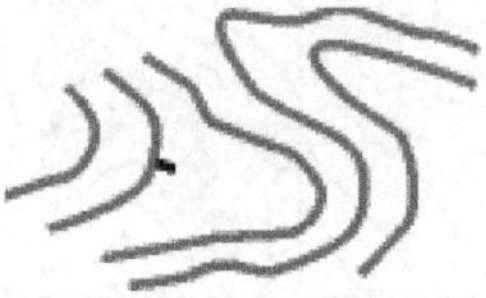	斜面上的小面积平缓地,是一组(或一条)向下坡方向凸出的等高线
山垄	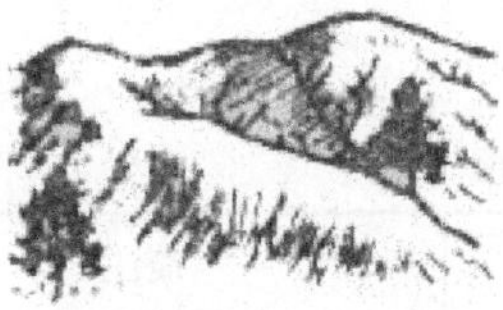	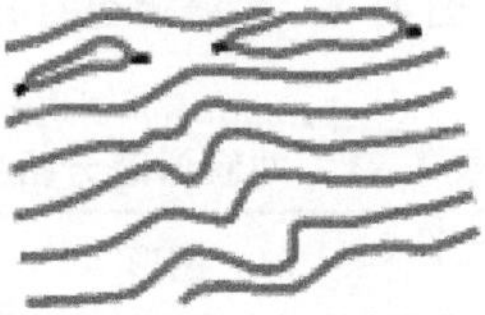	斜面上的长而狭窄的小山背,是一组向下坡方向凸出的等高线图形
山凸			斜面上的短而狭窄的小山背,是一条向下坡方向凸出的等高线图形
丘			体积较小的只能以一条等高线表示的小山包

(三) 特殊地貌的识别

凡不能用等高线形象表示的地貌形态,称为特殊地貌。它包括地表因受外力作用改变了原有地貌形态的变形地貌;以及地貌形体较小,用特定符号放大表示的微形地貌。前者如冲沟、陡崖、崩崖、陡石山、滑坡等,它们的实地景观和图上表示如图4-7所示。

(四) 高程与高差的判定

地形图上用黑色注出高程的点,称为高程注记点。通常一幅图有80~200个高程注记点。此外,地形图上还按一定密度要求,采用棕色、均匀地注出某

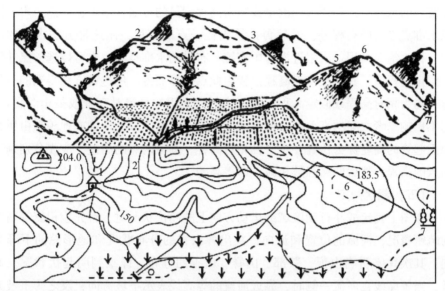

图 4-7 行进路线的起伏判定

些等高线的高程，并规定字头朝向山顶方向。这些高程注记点和注记曲线即是判定任意点高程的依据。

1. 高程的判定

首先在欲判定点近旁寻找高程注记点或有高程注记曲线；其次按它们与欲判定点的关系位置向上（或向下）查数其间的等高线条数；再次依南图廓外注出的等高距算出最邻近的一条等高线的高程；最后加上（或减去）目估或内插出的欲判定点至该曲线的高差，即得欲判定点的高程。

欲判定点在等高线上，则该点的高程等于所在等高线的高程。

欲判定点在两等高线之间，应先判明上下相邻两条等高线的高程，再按点位所在两条等高线间的比例关系和等高距，估判出对于下（或上）方等高线的高差，然后加（或减）到下（或上）方等高线的高程上，即为欲判点的高程。

欲判定点在无高程注记的山顶或凹地，再减半个等高距。

欲判定点在鞍部上，可按组成鞍部的一对山谷等高线的高程，再加半个等高距；或以高一对山背等高线的高程，减去半个等高距求得。

2. 高差的判定

起算面相同的两点间的高程之差称为高差，又称相对高程。在地面上欲求两点间的高程差，首先已知两点各自的高程值。任一点的高程值，通常根据国家统一的水准点，利用水准测量或三角高程测量的方法，求出任一点与附近国家水准点之间的高程差，然后再推算出任一点的高程，用这种方法求得的高程，称为绝对高程。当附近没有国家统一布设的水准点时，也可以选一点并赋以假定高程值，其他任一点高程值皆由此点推算而得。用这种方法得到的高程值，均为相对高程或假定高程。无论这两点采用的是绝对高程或是相对高程，均不影响二者之间的高差值。两点间的高差有正负之分。地物或地貌点由所在地面起算的高度称为比高，是一种相对高程。判定两点的高差，应先分别判明两点的高程，然后两高程数相减，即得高差。

（五）起伏判定

在图上判定战斗行动区域或运动方向上的起伏状况时，首先应根据等高线的疏密概况，河流的位置和流向，找出各山脊的分布状况和地形总的下降方向；其次具体明确山顶、鞍部、山脊、山谷的分布，详细判明起伏状况。通常，当等高线在河流一侧时，靠近河流的等高线表示下坡方向，反之为上坡方向，当等高线横穿河流时，上游的等高线表示上坡方向，反之为下坡方向。见图4-7，1~2为上坡，2~3沿斜面，3~4为下坡，4~5为上坡，5~6为上坡，6~7为下坡。

三、道路分析

道路分析包括道路分布、道路属性分析等。

供人、车、畜通行的途径及其附属设备的总称，称为道路。它是军队遂行作战任务的命脉。道路按其主要保障对象的不同，可分为铁路、公路和其他道路。

（一）铁路

铁路按两条铁轨间的距离分为标准轨距铁路、宽轨铁路和窄轨铁路；按正线数目的多少分为单线铁路和复线铁路；按机车的动力牵引方式分为电气化铁路、蒸汽机车和内燃机车牵引的铁路。铁路与某些附属建筑物在图上的表示，如图4-8所示。2005年国军标规定，其中单线铁路在1988年图式基础上加绘单短线。

我国主要为标准轨铁路，没有宽轨铁路。个别省的地方铁路为窄轨铁路，图上注记"窄轨"二字。线路符号上有双垂线的为复线；没有者为单线。注记有"电"字的为电气化铁路，一般无机车上水设备；无注记者，为蒸汽机车或内燃机车牵引的铁路。

第四章 两栖作战环境分析技术手段

图式版本	双线	单线	火车附属建筑物
1971	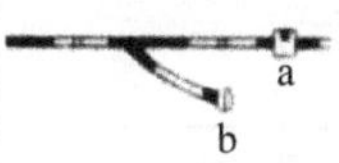 a车站；b机车转盘	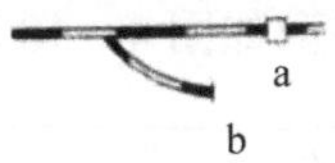 a会让站；b铁路尽头	 a信号灯、柱；b天桥；c机车库；d站线
1988	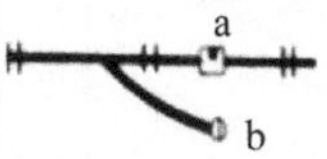 a车站；b机车转盘	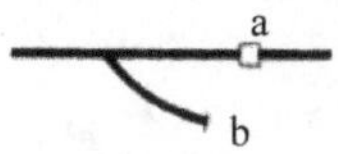 a会让站；b铁路尽头	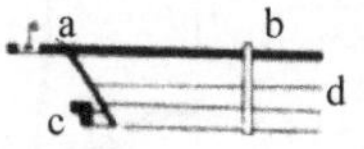 a信号机；b天桥；c机车库；d站线

图 4-8　铁路及其附属建筑物的表示

（二）公路

修筑有路基、铺面和附属建筑物的汽车通路，称为公路。按公路设计标准分为 5 级，但地形图上只区分高速公路与普通公路两种。1988 年以前测制的地形图，简易公路属于公路范畴；之后，划入其他道路之中。

（三）其他道路

其他公路是指未经规划修筑或只经简单修筑而形成的道路，包括简易公路、乡村路、小路和时令路。其在图上的表示如图 4-9 所示。

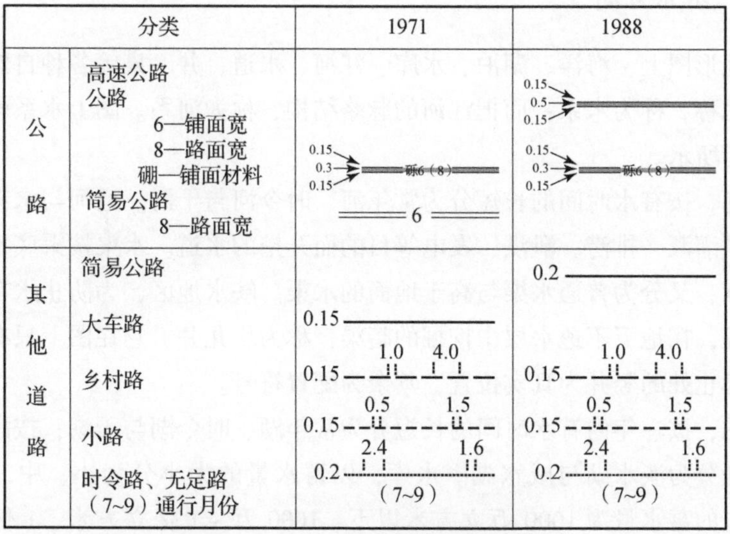

分类		1971	1988
公路	高速公路 公路 　6—铺面宽 　8—路面宽 　砳—铺面材料 简易公路 　8—路面宽		
其他道路	简易公路 大车路 乡村路 小路 时令路、无定路 （7~9）通行月份		

图 4-9　公路及其附属建筑物的表示

(四) 道路附属建筑物

道路附属建筑物包括桥梁、渡口、隧道、涵洞、路堤、路堑、路标与里程碑。其类别、表示方法和注记如图 4-10 所示。

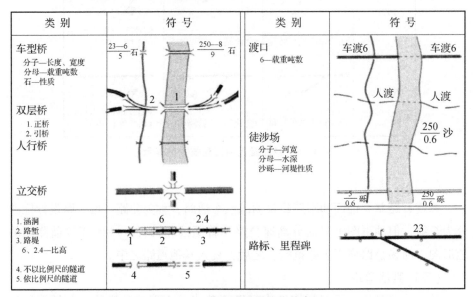

图 4-10　道路附属建筑物的表示

四、水系分析

在地形图上,海洋、湖泊、水库、江河、水道、井、泉等各种自然和人工水体的总称,称为水系;而把江河的脉络结构,称为河系。图上水系的表示如图 4-11 所示。

江河,按有水时间的长短分为常年河、时令河与干河。运河与水渠是指为了运输、灌溉、排涝、泄洪、发电等目的而开挖的水道。水渠按渠底相对于地面的高度,又分为普通水渠与高于地面的水渠。缺水地区,为防止水在地面流动时蒸发,在地下不透水层中挖掘的暗渠,称为坎儿井,它在图上只有两端表示暗渠起止处的竖井为真实位置,其余为配置符号。

湖泊,按一年内有水时间的长短分为常年湖、时令湖与干湖;按湖水含盐度的高低分为淡水湖与咸水湖。水库,以蓄水量的大小分为小、中、大型水库,相应的蓄水量为 1000 万立方米以下、1000 万~1 亿立方米、1 亿立方米以上。水源,包括井、泉、储水池和水窖。沼泽是指地面经常湿润泥泞或有积

第四章 两栖作战环境分析技术手段

类 别	符 号	类 别	符 号
河流、湖泊 　1. 常水位岸线 　2. 高水位岸线		水井 　分子—地面高程 　分母—井口至水 　　　面深度 　淡—水质	井 $\dfrac{51.2}{25}$ 淡
时令河、时令湖 　（5~10）有水月份		贮水池、水窖	
干河床、干湖		泉	
运河、水渠 　1. 沟宽、水深 　2. 沟宽、沟深 　　分子—宽度 　　分母—深度 　3. 渠头		沼泽地 　1. 能通行的沼泽 　　分子—水深 　　分母—软泥层深度	$\dfrac{0.3}{0.5}$ 能通行
高于地面的水渠		2. 不能通行的沼泽	不能通行

图 4-11　水系的表示

水的地域。它以积水深度和泥深对部队机动产生影响。地形图上区分能通行与不能通行两种。水系还有许多附属建筑物，如堤、坝、闸和输水槽等，它们的图上表示如图 4-12 所示。

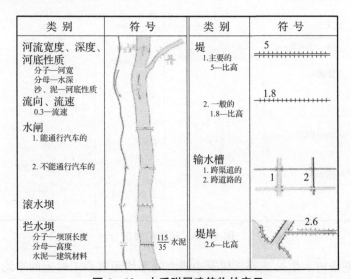

图 4-12　水系附属建筑物的表示

五、植被分析

覆盖地表的植物及其群落，称为植被。军事上从障碍、隐蔽角度出发，将其分为树林、竹林、灌木林、经济林、草地和农作物等。它们在图上的表示如图4-13所示。树林是指乔木植物聚生之地。按其密度、粗度、高度、分布面积与特点，进一步分为森林、疏林、矮林、狭长林带、树丛和突出树等。

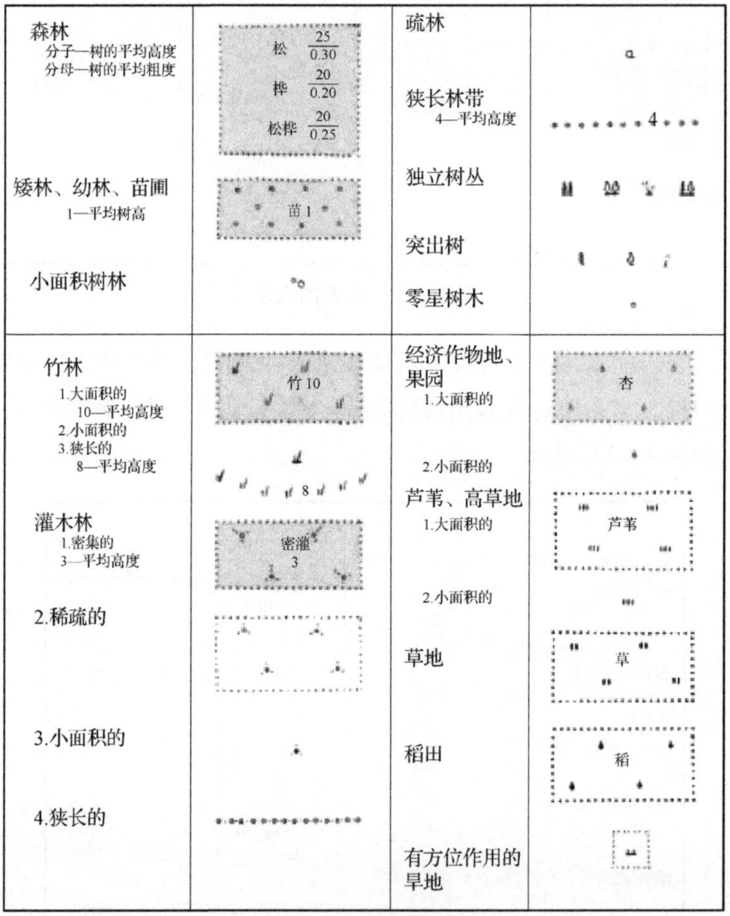

森林 分子—树的平均高度 分母—树的平均粗度	松 $\frac{25}{0.30}$ 桦 $\frac{20}{0.20}$ 松桦 $\frac{20}{0.25}$	疏林	a
		狭长林带 4—平均高度	……4……
矮林、幼林、苗圃 1—平均树高	苗1	独立树丛	
		突出树	
小面积树林		零星树木	
竹林 1.大面积的 10—平均高度 2.小面积的 3.狭长的 8—平均高度	竹10	经济作物地、果园 1.大面积的	杏
		2.小面积的	
	8	芦苇、高草地 1.大面积的	芦苇
灌木林 1.密集的 3—平均高度	密灌3	2.小面积的	
2.稀疏的		草地	草
3.小面积的		稻田	稻
4.狭长的		有方位作用的旱地	

图4-13 植被的表示

森林是指树木生长茂密，树冠边缘之间平均距离小于树冠的平均直径，树高平均在4m以上，齐胸处平均树粗（胸径）在0.08m以上。地形图上在分布范围内套印绿色，并注有树名、平均树高和胸径。

疏林是指树木生长稀疏，树冠之间平均距离为树冠直径的1~4倍。它的实地分布边界不很清楚，图上以配置符号表示其范围。矮林是指平均树高不足4m的乔木林地。但胸径不足0.08m的幼林和高度、胸径都达不到森林标准的苗圃，也用同一种符号表示，并分别加注"矮""幼""苗"以示区别。狭长林带是指呈条状分布的乔木林地，有一定隐蔽和障碍作用。树丛是指面积不大，但有一定方位意义的乔木聚生地。突出树是指具有方位作用的单棵树及林中非常高大突出的树。对于面积较小，图上无法区分的森林、矮林、幼林、苗圃以及零散分布的树木，图上以小面积树林和零星树木符号表示。

为减少图面载负量，地形图上对农作物只表示稻田和有方位意义的旱地。

植被的分布形式复杂，经常遇到几种植物混杂生长的地段。因此，必须掌握依地形图判断其主次的方法。对面积较大的植被，当有种类名称注记时，注记的种类为主要植物，如图4-14(a)所示，松树林为主，其下层长有密集灌木林。图4-14(b)所示，则以密集灌木林为主，其中杂有树木。当面积植被中有两个树种注记时，则左（或上）面一种为主；右（或下）面一种为次。图上森林符号中若绘有黑色双虚线，则为人工砍伐的防火线，或为便于管理而设置的林斑线。它对森林中判定方位和机动有着重要意义。

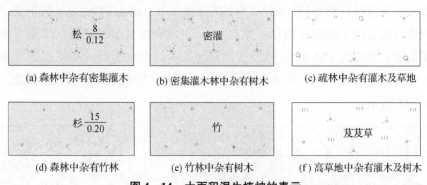

图4-14 大面积混生植被的表示

六、居民地分析

人类由于社会生产和生活需要而形成的集聚定居地，称为居民地。由于自然地理环境和民族习惯的不同，居民地的类型可分为房屋式、窑洞式和游牧式三种。

（一）房屋式居民地

房屋式居民地由房屋、街区和街道构成。

(1) 独立房屋与突出房屋。建筑结构上形成一体的各种形式的单幢房屋，称为独立房屋。不依比例尺的独立房屋符号，只有定位点准确；半依比例尺的，符号两端中点位置可用；依比例尺独立房屋，则任何一个轮廓拐角的位置都是准确的。

高大突出、颜色与风格明显区别于四周的房屋，称为突出房屋。在军事上具有方位意义。若独立存在，则在房屋符号外绘有外框线；若在街区内，则在晕线中直接将房屋涂黑。使用时注意符号尺寸所标示的准确点位。

(2) 街区。房屋聚集、毗连，被街道、河流、垣栅等分割成片的建筑区，称为街区。按其房屋密集程度，街区可分为密集街区与稀疏街区。

密集街区，按面积大小可分为不依、半依和依比例尺三种。现地用图时，其点位的可靠性判定与独立房屋符号的情况相同。

稀疏街区，通常是指能依比例尺表示的垣栅符号内，房屋稀疏分布或排列有一定规则的房屋建筑区，如工厂、机关、学校、营房和新建住宅区等。它的垣栅符号拐点位置准确；其内的独立房屋符号，则需根据位置、大小和排列的具体情况而判定位置准确度。一般位于拐角、两端或突出的房屋，位置准确。

(3) 街道。居民地内部或一侧的通道，称为街道。地形图上是以不同的宽度表示街道通行程度的。在1:5万的地形图上，图上宽0.2mm的街道，为不能通行载重汽车的次要街道；宽0.4mm的为放宽表示的能通行载重汽车的主要街道；宽度大于0.4mm的为依比例尺表示的重要街道。房屋式居民地按其分布形式与密度，可形成密集式居民地、散列式居民地和分散式居民地，如图4-15所示。

 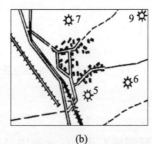 

(a)　　　　　　　　　(b)　　　　　　　　　(c)

图4-15　密集式、散列式和分散式居民地表示

(二) 窑洞式居民地

窑洞式居民地主要由窑洞与街道构成。窑洞可分为地上窑洞与地下窑洞。

用图时应注意：地上窑洞一般只有突出、村口、外围、道路交叉处的符号，位置准确；而内部的窑洞符号，则可能有移位或属配置表示。

地下窑洞一般图上都能按真实位置表示坑位，且依比例尺的地下窑洞，其坑沿或沿其所筑的地面上围墙是依比例尺描绘的，此时的窑洞符号为标明符号。

（三）游牧式居民地

游牧式居民地由蒙古包或帐篷构成。它们多随季节和牧草长势搬迁，位置不固定。故图上的符号仅是概略位置，其所注月份，是指在此季节可在附近找到蒙古包或帐篷。

七、土质分析

土质是指构成地面物质的性质。它包括沙地、沙砾地（戈壁滩）、石块地、盐碱地、小草丘地、残丘地和龟裂地等，其相应符号如图4-16所示。

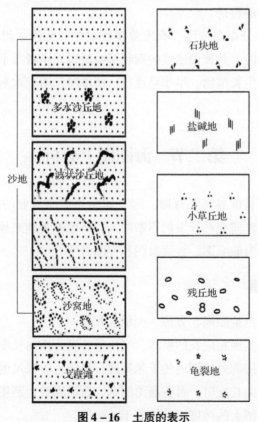

图4-16　土质的表示

(1) 沙地：平沙地、多小丘沙地、波状沙丘地、多垄沙地和窝状沙地的总称，是干燥气候区形成的风积地貌。除平沙地以外，图上还加有注记。

(2) 沙砾地（戈壁滩）：沙和砾石混杂分布的地段，是冲积沉积而成的。戈壁滩为砾石所覆盖的地区，为冲积和风蚀所形成。

(3) 石块地：岩石受冰冻、风化而发生机械性崩裂及其他原因形成的碎石分布的地区。

(4) 盐碱地：因地下含盐、碱水的蒸发，盐碱沉积而致使地面出现白色碱性物质的地区，不宜耕作。

(5) 小草丘地：在草原、荒漠及沼泽地区长有草类及灌木的小丘成群分布的地段。

(6) 残丘地：由风蚀或其他原因形成的石质或土质剥蚀残存小丘地区，表现出定向风作用的特征。

(7) 龟裂地：分布在沙漠、石质荒漠地貌中的低洼平坦的枯土地段，当水被强蒸发而干涸时，其表面形成的网状裂隙地段。小者几平方米，大者达数平方千米，其上不生长植物。旱季易通行；雨季时，由于水泡胀，轮式车辆不能或难于通行。

第二节　海图图上分析

海图最先是随着世界海洋探险、海上贸易和航海事业的兴起而发展起来的。随着人们对海洋研究和开发的不断深入，海图种类越来越多。按表示内容和用途，海图可分为航海图、普通海图和专题海图。

一、基本量算

海图基本量算包括距离、方位、面积量算等。

海图图上长与实地相应长的换算，当所量长度为横向长度时，在投影比例尺上进行，利用内图廓外或图内的千米尺进行量距，千米尺的长度单位是千米或米；为纵向或斜向长度时，可在海图的东、西图廓线上利用图廓的纬度细分进行比量换算，海图上的纬度1分长等于1海里。

在墨卡托投影的海图上，航线起点与终点所连的直线为计划航线，是等角航线；舰船由舰尾至舰首的中心轴线，称为航向线；舰位与目标点的连线，称为目标方位线。由真（磁）北方向起，顺时针方向量至航线、航向线、方位线的角度，分别称为真（磁）航线角、航向角、目标方位角。此外，航向线与目标方位线之间的夹角，称为舷角。以航向线为基准，向左、右各180°。并规定：右舷角为正，左舷角为负。航海中，经常对这些角度进行量算，它们在图上的量取方法完全相同。

方位和面积的量算方法和地形图类似，请参阅本章第一节。

二、海岸性质分析

海岸带是两栖作战环境分析的重点区域，海岸带本身是一个区域概念，但鉴于其重要性，本书将海岸带的一些要素单列出来详细讲述，此处要素、空间、要素的性质会有一些交叉。关于海岸带的概念及组成详见第二章。

海岸性质分析主要包括海岸线、海岸性质、海滩底质等。

（一）海岸线

海岸线实地为多年大潮高潮所冲刷的痕迹线，图上以黑实线表示，如图4-17所示。其中，图（a）实线为海岸线，图（b）虚线为草绘海岸线。

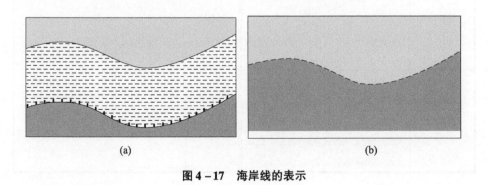

图4-17 海岸线的表示

（二）海岸性质

海岸又称海岸阶坡。坡度在50°以上为陡岸，图上区分土质与石质；坡度在50°以下为缓岸，可分为岩石岸、磊石岸、砾质岸、沙质岸和沙丘岸。此外，还区分人工岸与植物岸。在图上的表示如表4-2所示。

表4-2 海岸性质图示

海岸性质	图示	海岸性质	图示
陡岸	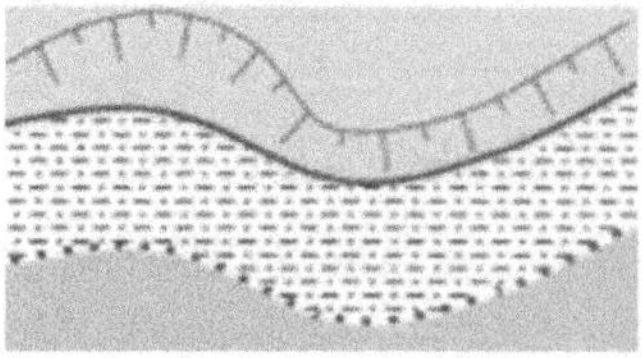	岩石陡岸	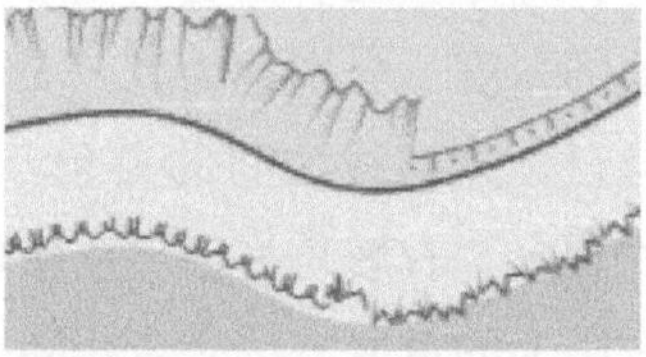
沙质岸树木岸	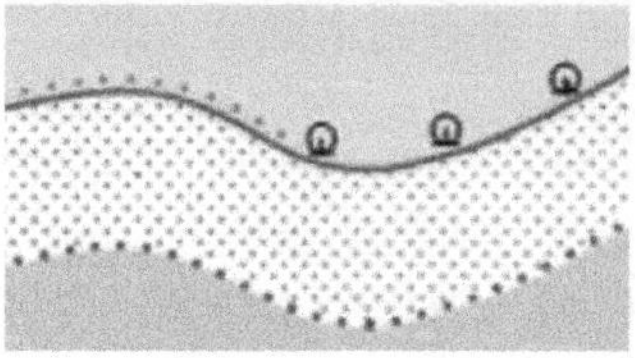	芦苇岸	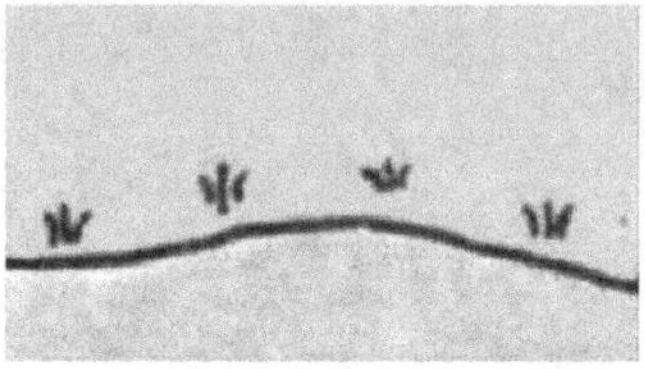
丛草岸	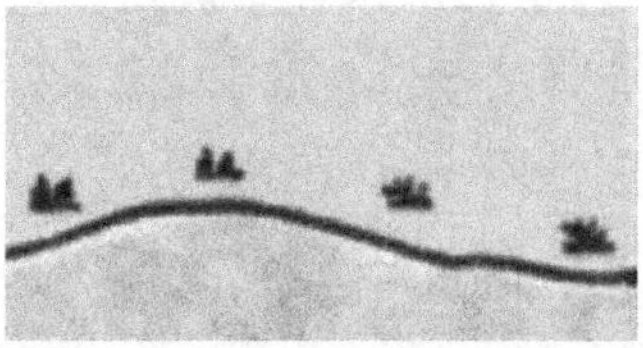	砾质岸	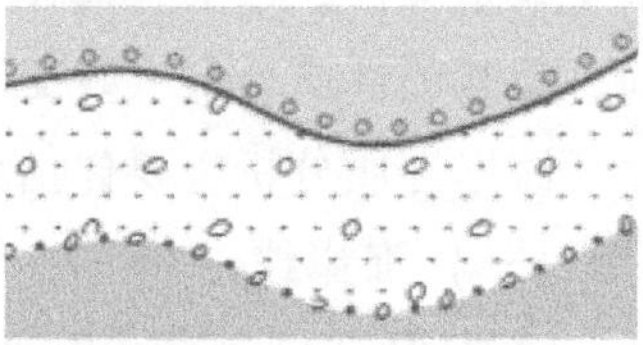
磊石岸	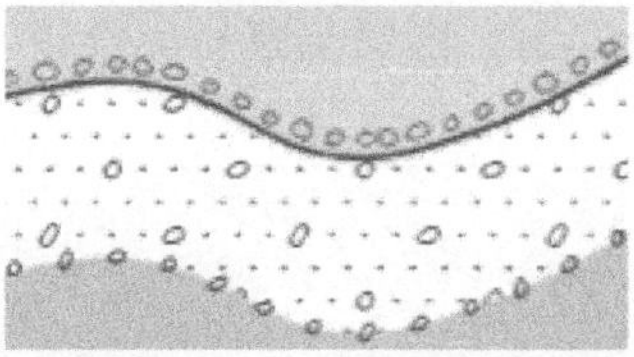	岩石岸	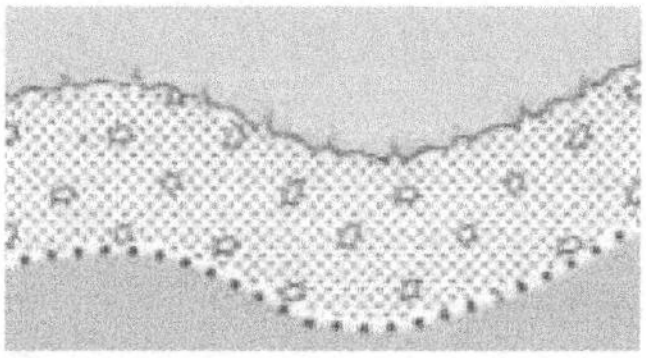
加固岸	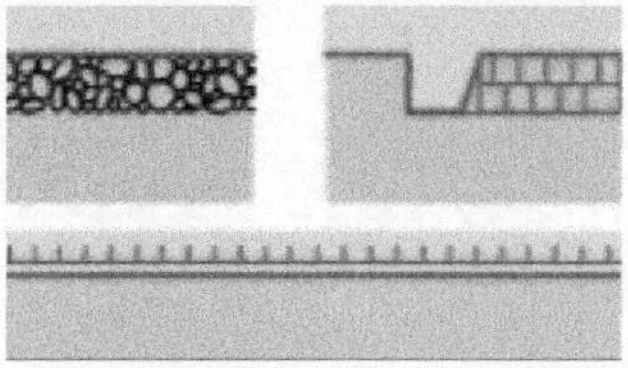		

（三）海滩底质

由海岸线至零米等深线（理论深度基准面与陆地的交线）之间的潮浸地带，称为海滩。高潮时被海水淹没，低潮时露出水面，故又称干出滩。按滩质的不同可分为硬性滩、软性滩、植物滩和贝类养殖滩。在图上的表示如表4-3所示。

表4-3 海滩底质的图上表示

海滩底质	图示	海滩底质	图示
泥沙混合滩	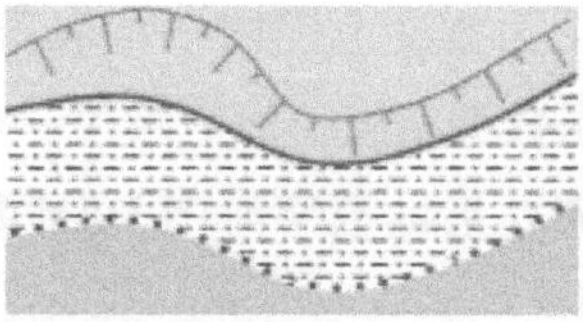	磊石滩	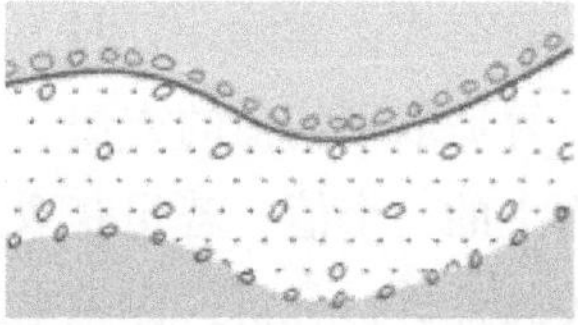
岩石滩珊瑚滩	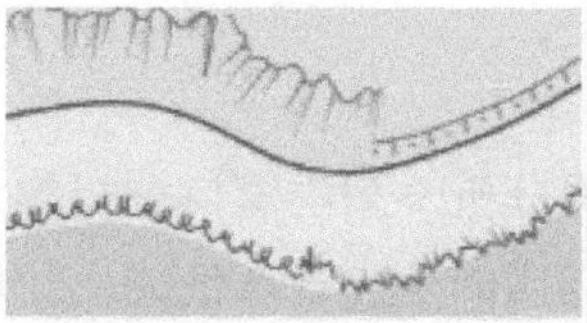	沙砾混合滩	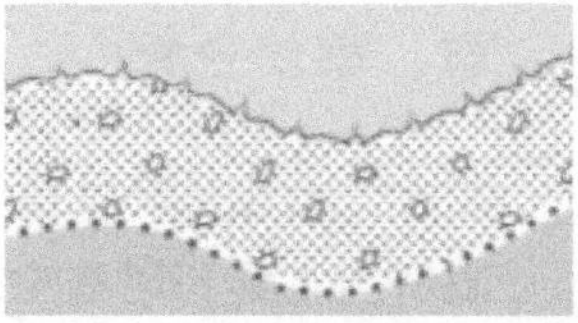
沙滩	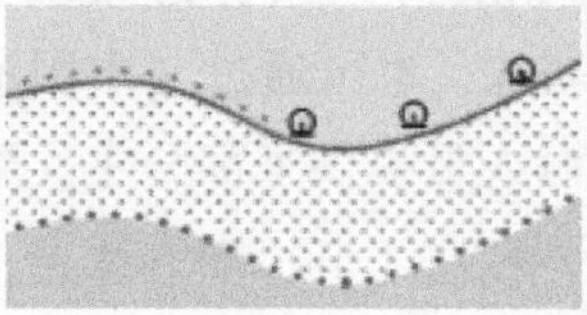	养殖滩	 贝
砾滩	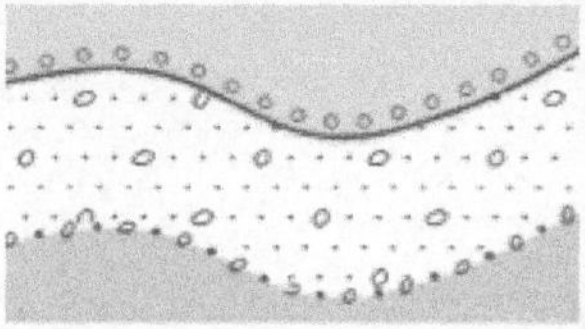		

三、海岸地貌分析

地貌是地表的起伏程度。海岸地貌是指海岸带地表的起伏程度，包括沿海陆地、潮间带、水下岸坡三个部分，这三个部分可分开分析，也可以作为一个整体分析。

海岸地貌分析通常包括海岸坡度、5m等深线分析等。

海岸坡度可分为岸上坡度和海底坡度两部分，海底坡度通常用海岸线至5m等深线之间的坡度。岸上坡度指的是岸线至陆地部分的坡度，其范围可根据作战任务需求来定。海岸坡度在较大范围内是同一值。也可以将海岸区域划分为不同的分析单元进行计算，其海岸坡度的计算原理与上述一致，即

$$\alpha = \arctan \frac{H}{D} \tag{4-2}$$

两栖作战所关心的是垂直于岸线方向的坡度，因此不需要更为复杂的模型计算公式，实际计算时，可采用在登陆正面宽度范围内平均取若干个采样点，计算后取平均值的方法。在海图上，限于数据精度，海底坡度一般只能计算断面上的一个值，若想获取分段坡度值，需要借助数字海图 DEM 数据，利用相关软件进行分析，详见本章第六节。

四、潮汐分析

潮汐分析包括高低潮分析、瞬时水深分析、潮汐窗口分析等。

高低潮主要利用潮汐表进行查算，利用潮汐表查高低潮比较简单，本书不再赘述。在没有潮汐表的情况下，或潮汐精度要求不高时，也可借助潮信表估算高低潮信息。潮信表可主要通过海图获取，也可通过《中国沿海潮汐推算手册》获取。海图上刊载的潮信表为航海人员提供了部分主、附港的潮汐情况，对半日潮港列出了平均潮汐间隙和平均大（小）潮升数据；对混合潮港和日潮港分别列出了回归潮期间的平均潮汐间隙和潮高，以及分点潮期间的平均潮汐间隙和潮高。

（一）高低潮分析

1. 利用平潮信表求潮时

该方法适用于半日潮港，计算公式为

所求港口高（低）潮潮时 = 该港高（低）潮间隙 + 该港月上（下）中天时

计算时，首先从《潮汐表》查取东经 120° 月上（下）中天时刻，然后将该时刻改正至当地月中天时刻，最后利用高（低）潮间隙计算高、低潮时。

例 4-1 利用潮信资料估算铜沙（坐标：北纬 31°06′，东经 122°01′）2004 年 10 月 28 日（农历十五）潮汐资料。

解：

第一步：查《差比数和潮信表》得：平均高潮间隙 1021、平均低潮间隙 0445。

第二步：从《月球中天时刻表》中查得东经 120° 10 月 27 日月上中天时刻 2337 和 10 月 28 日日月下中天时刻 1200。

第三步：改正至当地月中天时刻（-8）。

第四步：求铜沙高（低）潮时。

潮时	第一次高潮	第二次高潮	第一次低潮	第二次低潮
东经120°月中天时刻	2337	1200	2337	1200
改正至当地月中天时刻	2329	1152	2329	1152
平均高（低）潮间隙 +	1021	1021	0445	0445
铜沙潮时	3350	2213	2814	1637
铜沙10月28日潮时	0950	2213	0414	1637

2. 利用潮信表求潮高

该方法适用于半日潮港，计算公式为

高潮高 = 大潮升 −（大潮升 − 小潮升）/7 × 与大潮日间隔天数　　　　（4 − 3）

低潮高 = 2 × 平均海面 − 高潮高　　　　（4 − 4）

例 4 − 2　利用潮信资料估算××港 2016 年 8 月 19 日的大概潮高。

地点	位置	平均高潮间隙	平均低潮间隙	大潮升	小潮升	平均年海面
××港	略	09h25min	03h35min	2.40m	1.94m	1.60m

解：由潮信资料查得：大潮升为 2.40m，小潮升为 1.94m，与大潮日间隔天数为 1 天。代入式（4 − 3）可得

高潮高 = 大潮升 −（大潮升 − 小潮升）/7 × 与大潮日间隔天数
　　　　= 240 −（240 − 194）/7 × 与大潮日间隔天数
　　　　= 240 −（240 − 194）/7 × 1
　　　　≈ 233（cm）

代入式（4 − 4）可得

低潮高 = 2 × 平均海面 − 高潮高
　　　　= 2 × 160 − 233
　　　　= 87（cm）

（二）瞬时水深分析

登陆战斗中，有时需要求出某一时刻所对应的潮高，如 T 时刻所对应的潮高值，或计算某一时段内潮高变化范围，此时需要用到瞬时水深分析方法。

根据分潮理论，潮高随时间的变化曲线近似于余弦函数。

在计算任意时刻潮高时，均分两种情况，当所求时刻处于涨潮时间内时：

$$任意时刻潮高值 = 潮高平均值 - \left(\frac{1}{2A}\right) \times \cos\left(\frac{t}{T} \times 180°\right)$$

式中：t 为任意时与相邻（之前）低潮时的时间间隔；T 为涨潮时间；A 为相邻高潮高与低潮高之差，即潮差。考虑到计算简便性，公式可变为

$$任意时刻潮高值 = 低潮潮高值 + \frac{1}{2A} - \frac{1}{2A} \times \cos\left(\frac{t}{T} \times 180°\right)$$

$$= 低潮潮高值 + \frac{1}{2A} \times \left[1 - \cos\left(\frac{t}{T} \times 180°\right)\right] \quad (4-5)$$

当所求时刻处于落潮时间内时，与涨潮时刻类似，这里直接给出计算公式为

$$任意时刻潮高值 = 高潮潮高值 - \frac{1}{2A} \times \left[1 - \cos\left(\frac{t}{T} \times 180°\right)\right] \quad (4-6)$$

式中：t 为任意时与相邻（之前）高潮时的时间间隔；T 为落潮时间；A 为相邻高潮高与低潮高之差，即潮差。

有时在精度要求不高的情况下，上述公式可以简化，即将潮汐变化曲线近似认为是直线，这样式（4-5）简化为

$$任意时刻潮高值 = 低潮潮高值 + A \times t \div T(涨潮时) \quad (4-7)$$

式（4-6）简化为

$$任意时刻潮高值 = 高潮潮高值 - A \times t \div T(落潮时) \quad (4-8)$$

例 4-3 某港某日高低潮数据为：0212　420；0906　92；1342　418；2020　90。求该港当日 1100 潮高。

解：第一步：根据该港当日高低潮数据绘制潮汐变化曲线示意图，如图 4-18 所示。

由图可见，1100 时刻为涨潮时，因此使用涨潮时计算公式。

第二步：计算相关系数：

潮差 $A = 418 - 92 = 326$（cm）

涨潮时间 $T = 1342 - 0906 = 0436 = 276$（min）

与相邻低潮时刻的间隔：$t = 1100 - 0906 = 0154 = 114$（min）

第三步：代入式（4-5）计算：

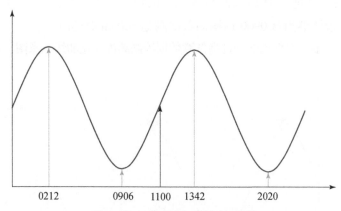

图 4-18 潮汐变化曲线示意图

$$1100\ 潮高 = 低潮高 + \frac{1}{2} \times 潮差 \times \left[1 - \cos\left(\frac{t}{T} \times 180°\right)\right]$$

$$= 92 + \frac{326}{2} \times \left[1 - \cos\left(\frac{114}{276} \times 180°\right)\right] \approx 211\ (cm)$$

如精度要求不高，可采用简化公式计算：

$1100\ 潮高 = 低潮潮高值 + A \times t/T = 92 + 326 \times 114 \div 276 \approx 227\ (cm)$

（三）潮汐窗口分析

潮汐窗口是指潮高满足某一条件的时间变化区间，如码头装载时，需要潮高值 + 海图水深值保持在一定范围之内。潮汐窗口分析本质上是根据潮高值计算对应的潮时。

式（4-5）及式（4-6）根据时刻计算潮高值，将该式变换后可得

涨潮时：$\cos\left(\dfrac{t}{T} \times 180°\right) = 1 - (任意时刻潮高值 - 低潮潮高值) \times 2 \div 潮差$

即

$$t = \frac{T}{180} \times \arccos\left[1 - (Ht - Ht_{LW}) \times 2 \div 潮差\right] \quad (4-9)$$

式中：Ht 为任意时刻潮高值；Ht_{LW} 为低潮潮高值；T 为涨潮时间。

落潮时：

$$t = \frac{T}{180} \times \arccos\left[1 - (Ht_{HW} - Ht) \times 2 \div 潮差\right] \quad (4-10)$$

式中：Ht_{HW} 为高潮潮高值；Ht 为任意时刻潮高值；T 为落潮时刻。

例 4 – 4　某港某日高低潮数据为：0212　420；0906　92；1342　418；2020　90。求该港当日 0900 后潮高首次到达 300cm 时的时刻。

解：第一步：根据该港当日高低潮数据绘制潮汐变化曲线示意图，如图 4 – 19 所示。

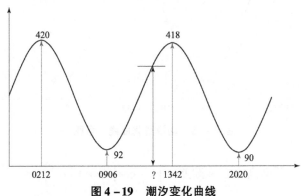

图 4 – 19　潮汐变化曲线

由图可见，0900 后到达 300cm 时刻必然位于 0906～1342，即处于涨潮时刻，因此使用涨潮时计算公式。

第二步：计算系数：

潮差 $A = 418 - 92 = 326$（cm）

涨潮时间 $T = 1342 - 0906 = 0436 = 276$（min）

低潮时刻潮高值：$Ht_{LW} = 92$（cm）。

第三步：代入式（4 – 9）计算：

$$t = \frac{T}{180}\arccos(1 - [(Ht - Ht_{LW}) \times 2] \div 潮差)$$

$$= \frac{276}{180}\arccos\left(1 - \frac{2 \times (300 - 92)}{326}\right) = 163 \text{（min）} = 0243$$

因此，300cm 潮高的潮时 = 低潮时 $\pm \Delta t^{涨潮取+}_{落潮取-}$ = 0906 + 0243 = 1149

五、海底地貌分析

海底地貌是指海底表面的起伏形态和底质。海图上是通过水深注记、等深线、底质注记和天然碍航物的特定符号（如礁石、浅滩符号）来表示的。

（1）水深注记：表示该点从深度基准面至海底的垂直距离。水深注记形式如图 4 – 20 所示。其中"斜体"数字，表示实测的水深资料；"直体"数字，表明采用旧版海图或小比例尺海图资料转写；数字上方有一横线的，表示深度未经潮汐改正或位置不准确；数字上方横线加点的，表示未测到海底的水深；在数字周围绘有黑色点圈符号的，表示与周围水深有显著差异；在数字下方绘有槽形符号的（为绿色），表示经过扫海的深度。

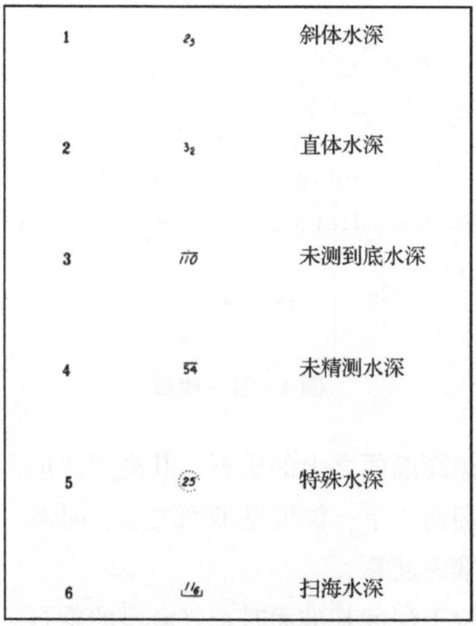

1	$_{23}$	斜体水深
2	3_2	直体水深
3	170	未测到底水深
4	54	未精测水深
5	㉕	特殊水深
6	⌑	扫海水深

图 4-20　水深注记形式

为了准确表示水深注记点的位置，规定海图上注记数字的特定位置为实测点的位置。例如图 4-20 中小圆圈示意的位置。

（2）等深线：海底表面连续深度相等点的连线。新版海图的等深线采用黑细实线加深度注记表示。

（3）底质注记：底质在海图上采用汉字简注的形式注出，如"沙""石""岩石""淤泥"等。若已知下层底质不同于上层底质，则按先上后下的顺序以分式注出，如"沙/泥"。若为混合底质，则按成分先多后少的顺序注记，如"沙泥"，即沙多于泥。

六、近岸海区碍航物分析

水域中影响舰船航行安全的物体，统称碍航物。其是海图的重要表示内容，主要包括礁石、珊瑚礁、海底火山、沉船和水雷危险区等。

（1）礁石：海洋中隐现于水面，由岩石或珊瑚构成的海底突出物。按与各种海面的关系,其可分为明礁、干出礁、适淹礁和暗礁,如图4-21所示。

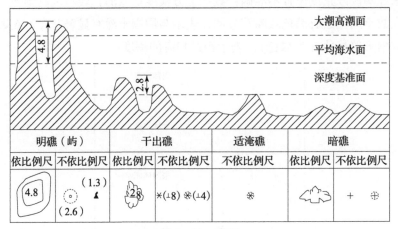

图4-21 礁石

明礁:露出于大潮高潮面之上的礁石。其高程注记,由平均海面起算。

干出礁:大潮高潮面之下,深度基准面之上,时淹、时现的礁石。其干出高度注记,由深度基准面起算。

适淹礁:海水面位于深度基准面时正好淹没的礁石。图上区分碍航作用突出与否,分别表示。

暗礁:深度基准面下的礁石。数字注记为深度。

(2) 珊瑚礁:由珊瑚遗体和分泌出的石灰质构成的礁石。现行海图图式规定只有位于深度基准面下的珊瑚礁,才能以特定的珊瑚礁符号表示;否则,按一般礁石表示。

(3) 海底火山:海洋中火山喷发在海底形成的火山锥。它对安全航行有很大影响,海图上以紫色点状圆圈表示。

(4) 沉船:沉入海底的舰船。它对舰船航行安全构成较大威胁。图上按沉入深度对航行安全构成的不同影响区别表示。

(5) 水雷危险区:水域中布有水雷的区域。海图上以紫色虚线标绘范围,中间绘出水雷符号;当范围较大时以紫色文字注记。

(6) 其他:渔堰、渔栅、渔网及各种海底管线,对舰船航行和作战亦有较大影响,图上以不同符号加注记表示。

常见碍航物海图图示如图4-22所示。

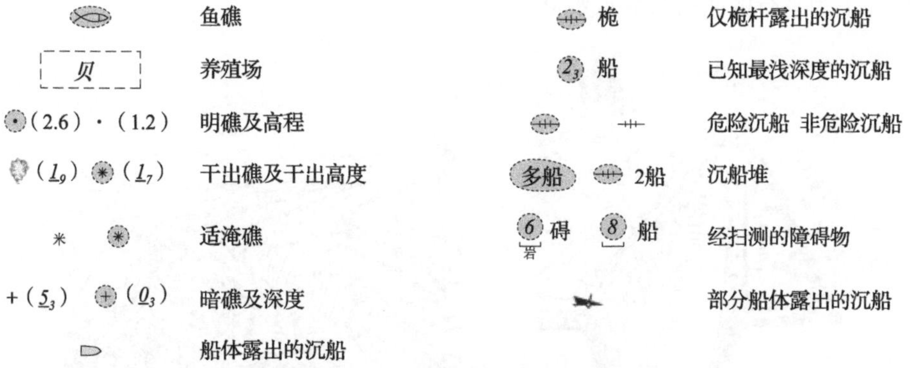

⬭		鱼礁	⬭	桅	仅桅杆露出的沉船
贝		养殖场	⬭船		已知最浅深度的沉船
⊙(2.6)·(1.2)		明礁及高程	⬭ +++		危险沉船 非危险沉船
(1₉) (1₇)		干出礁及干出高度	多船 ⬭	2船	沉船堆
✳ ✳		适淹礁	6 碍	8 船	经扫测的障碍物
+(5₃) ⊕(0₃)		暗礁及深度	⬛		部分船体露出的沉船
⬭		船体露出的沉船			

图 4-22 常见碍航物海图图示

第三节 遥感图像判读分析

在信息化条件下，遥感图像已经成为获取战场现势和详细作战环境情况的主要资料之一，遥感图像分析是作战环境分析的重要手段。登陆战斗中，若能利用像片判知敌防御部署和兵器配置，就能有针对性地研究和利用作战环境尤其是地形环境。敌防御部署，是以阵地编成的形式体现的，它虽然因地取势、因情施变，没有固定的模式，但总是遵从一定的编成原则。判读前应熟悉敌军这一编成原则，建立起敌阵地编成的框架结构，再依据阵地对地形条件的要求，在相关的战术配置位置上，依影像特征判读敌防御阵地内的战术目标。

一、障碍物的判读分析

能迟滞或阻止军队行动的地物、地貌、障碍器材和军事工程建筑物，统称障碍物。其可分为爆炸性和非爆炸性两种。这里主要判读非爆炸性障碍物，它通常设置在雷场的内侧，距前沿约 200m 以内。

（1）防坦克壕。图 4-23（a）所示为宽 4.5~5m 的梯形长壕，在航空像片上随着像片比例尺的不同，呈黑色曲线带状或线状，比堑壕宽，两侧有大量积土、色调为浅灰色，一般构筑在平坦地形上，位于主要防御方向的前沿（或阵地后面）以及纵深内的重要支撑点附近。

高水位地区，由于土壤泥泞，不便深挖，常构成较浅的复壕，如图 4-23（b）所示，其断面形状，一条为梯形，另一条为三角形，相距约 2m。在航空像片上为平行的曲折带状或线状。

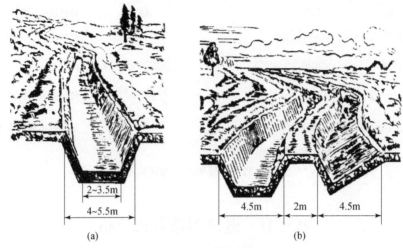

图 4-23 防坦克壕

(2) 人工断崖。为阻止坦克等战斗车辆前进,通常在坡度为 15°~45°的斜坡或河岸上,人工修筑成较长陡壁,位于正斜面上的称为崖壁,反斜面上的称为断崖,如图 4-24 所示。在像片上呈自然弯曲的带状或线状,立体镜下可以看出陡壁。

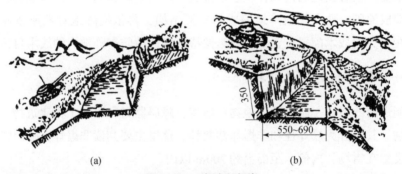

图 4-24 崖壁和断崖

(3) 桩砦。如图 4-25 所示,桩砦是以大圆木、钢轨、大石条或钢筋混凝土柱等材料构筑而成的。露出地面 1~1.2m,向对方成 60°~70°倾斜,桩距小于坦克宽度,一般为 1.2~2m,列与列相距 2.5~3m,参差配置成 3~5 列。其上设有刺铁丝网,兼作防步兵障碍。桩砦在像片上呈曲折斑点带状,色调取决于材料性质。比例尺较小时,影像模糊。

(4) 三角锥。如图 4-26 所示，三角锥一般是由钢筋混凝土制做成宽、高约 1.2m 的三角形锥体，按间隔 1~1.5m、距离 2.5~3m 配置，在像片上为白色或浅灰色的斑点带状。

图 4-25 桩砦

图 4-26 三角锥

此外，还有防坦克拒马、铁丝网等，前者在像片上呈黑色短线状；后者只有当像片比例尺较大时，才能看到点状纹形影像。

二、堑壕、步兵火器掩体、交通壕及前沿阵地的判读分析

（一）堑壕和步兵火器掩体

（1）堑壕：呈曲线或折线形的狭窄长壕，宽 1m 左右，直线段 15~20m，折角 90°~120°，如图 4-27 所示。当采用堑壕式防御体系时，前沿阵地的堑壕，面向对方呈横向延伸的连续曲线或折线形；而纵深的堑壕是断续的。丘陵地、山地，当采用支撑点式防御体系时，堑壕构筑在山腰或山顶附近的防界线上（若系居民地则在外围），呈闭合或断续的环形。

图 4-27 堑壕与掩体

(2) 步兵火器掩体：单兵掩体位于堑壕前壁，间距 8～10m。机枪掩体构筑在堑壕内或堑壕前，多位于堑壕突出部或拐角处，间距 40～50m。火箭筒和无坐力炮通常配置在对方坦克可能活动的地区，一般位于堑壕内或堑壕、交通壕附近坦克不易迂回、行动迟缓对其能实施侧射和斜射的位置上。火箭筒掩体由两个相距 60～80cm，直径约 90cm 的单人掩体组成。无坐力炮掩体的炮床呈圆形，直径约为 2.5m，深度较小。

(3) 判读要领：在像片上堑壕呈黑色曲线或折线影像，向敌一侧积土较多，呈浅灰色。前壁的散兵坑掩体为黑色斑点；机枪、火箭筒和无坐力炮掩体的影像，亦为黑色点状，但较前者为大，有时机枪掩体前伸，有小壕影像与堑壕相连。由于步兵火器掩体的平面范围较小，故在比例尺小于 1∶5000 的航空像片上较难判读，只能根据地形，相对于堑壕的关系位置和像点的大小概略判定。通常堑壕的突出部或转折处的较大黑点影像为机枪掩体；在大比例尺像片上可能看到射孔前的"八"字形扫清射界痕迹；道路两侧堑壕内或一、二道堑壕之间的较大黑点影像，可能是火箭筒或无坐力炮掩体，在大比例尺像片上可能看到后部呈"八"字形的喷火扇面。

(二) 交通壕

交通壕的构筑形式与堑壕基本相同，但一般没有或只在主要地段构筑有少数射击掩体，且呈纵向配置，与各级指挥所、观察所或堑壕相连接。在像片上可按配置方向和掩体影像的多寡进行判定。

(三) 前沿与纵深阵地

前沿阵地堑壕、交通壕密布，投入的兵力、兵器较多，因此像片上的相应影像比较清楚。特别是堑壕的影像，不论怎样伪装，都不能十分严密；而且活动特征也比较明显。可首先判明堑壕的位置和前沿阵地上的主要支撑点，再根据地形、敌方阵地编成原则和工程构筑间隙，判读出防御阵地的结合部和设置障碍物的地段，进而分析出敌前沿阵地的具体防御部署。

防御纵深区别于前沿阵地的特点是：工程构筑偏少，防御体系不太完备。可按此以及与前沿阵地的关系位置和影像特征，在像片上进行判读。

堑壕、步兵火器掩体、交通壕在航空像片上的影像特征，如图 4-28 所示。

(四) 火炮及其发射阵地的判读

火炮的种类很多，判读时必须掌握火炮的结构、掩体形状与大小、炮兵编

第四章 两栖作战环境分析技术手段

图 4-28 堑壕、掩体与交通壕

制、炮阵地的结构特征，以及火炮性能决定的对地形的要求和在阵地编成中的配置位置。这样即可知道：在什么样的概略位置、具有什么样的影像，可能是哪一种火炮发射阵地，以及如何按影像的形状和长度判定火炮的种类与数量。现以牵引式榴弹炮、加农炮为例，说明各种火炮及其发射阵地的判读要领。

榴弹炮、加农炮由炮身、大架、车轮三部分组成，它们在大比例尺像片上放列状态为黑色的"火"字形，在中小比例尺像片上为黑色点状。其掩体形状分为蛇头形和圆形两种，在航空像片上为黑色或深灰色圆点状。榴弹炮、加农炮通常按连构筑发射阵地，按一线或四边形配置，掩体之间一般都有交通壕或小路相连，后方有发令所和弹药掩蔽所。炮兵群以连为单位，按营相对集中，以两个营以上的建制，在 $6\sim14km^2$ 的范围内配置炮兵群。榴弹炮连发射阵地在像片上的影像，如图 4-29 所示。

若像片比例尺大，可按火炮、掩体的形状、大小和影像特征予以辨认；但在一般情况下像片比例尺较小，只能在判出前沿阵地的基础上，按敌方阵地编成原则和相对于前沿的关系位置，寻找适宜配置榴弹炮、加农炮阵地的地域；在立体观察下判寻阵地影像；判出阵地之后，再按掩体的影像特征、个数判定火炮的类型、数量和级别。

图 4-29 榴弹炮连发射阵地

掩体影像色调深的为基本发射阵地，

若经发射,其前方会留下黑色或深灰色的锥形烧蚀地;若掩体影像色调较浅,且无锥形烧蚀地时为预备发射阵地;若掩体色调很浅(说明深度不大),活动痕迹少,地形不太适宜而似有意暴露者,为假发射阵地。在距前沿 0.6~1.0km 的易于坦克运动的方向上,疏散配置的加农炮掩体,为反坦克炮。

三、坦克、自行火炮及其掩体的判读分析

(一)坦克

坦克由车体、炮塔和履带三部分组成,在像片上的影像为长宽 2:1 的长方形,呈深灰色。由于车顶装有炮塔,故影像色调不均匀。坦克通过松软地面时,会留下两条履带痕迹。坦克掩体由射击平底坑、斜坡进出口和人员避弹所组成,其平面形状呈倒 U 形,如图 4-30 所示;若作为固定发射点时,掩体前常构筑掩蔽所;若为待机掩体,则前后都有斜坡进出口而呈"∣∣"形。掩体在像片上呈灰色或浅灰色长方形影像。旅防御地带内,在防御前沿主要方向两侧,可能疏开(约 200m)配置坦克作固定发射点;第二阵地射界良好、便于机动的地形上,配置反冲击用的坦克营;第三阵地如有河湾、谷地或树林,常会隐蔽配置坦克预备队。坦克及其掩体与阵地在像片上的影像,如图 4-31 所示。

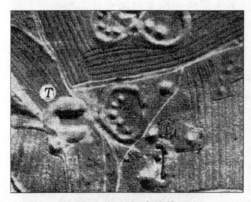

图 4-30 坦克掩体

图 4-31 坦克掩体与阵地

判读时,依判出的敌前沿位置,按其阵地编成原则和相关位置特征,在立体镜下寻找适宜配置坦克的地域,并依影像特征判定其位置、数量与级别。要特别注意坦克的活动特征。

(二)自行火炮

自行火炮有履带式、半履带式和轮式三种。其形状与坦克相似,但由于炮

塔安置位置不同,故在大比例尺航空像片上的顶部色调与坦克不同。其判读要领与对坦克的判读相同。战斗车辆掩体与坦克、自行火炮掩体相似,其位置一般在地形隐蔽的地点,但没有规则的战斗队形。

四、观察所、指挥所的判读分析

(一)观察所

观察所通常由一个至数个观察工事和人员掩蔽部组成。在像片上观察工事与单人掩体相似,其后常有一条交通小壕连接在与其近似垂直的横向交通壕上,并与人员掩蔽部相连接。观察工事分露天和掩盖两种,在像片上呈脉络状影像,如图4-32所示。

图4-32 观察工事

观察所的位置通常配置在各级预备队阵地附近视界良好、地形隐蔽的地方,如平地选择在土包、较高大但无明显方位意义的建筑物上;丘陵、山地位于正斜面最高防界线的外凸部,树林则位于其前缘。

(二)指挥所

指挥所主要由观察所、人员掩蔽部、自卫工事、车辆掩体等组成。指挥所的位置通常选择在视界良好、便于指挥和交通方便的隐蔽地形上。防御一方各级指挥所多设在预备队阵地附近。

遥感图像上判读指挥所,主要依据位置特征、车辆人员的活动特征以及自卫工事的多寡、类别判定。指挥所的级别越高,位置越靠后,人员车辆活动特征越多,而且还会有防坦克、防步兵障碍物,以及高射炮阵地等,这些都是判读指挥所的重要依据。

第四节　计算机辅助分析

上一节介绍了图上分析的方法，图上分析有很多局限性，一方面受人员的技术水平影响，另一方面图上数据有限，一些分析不能开展。计算机辅助分析则能克服这些缺点。

一、计算机辅助分析的概念及应用范围

计算机辅助分析指的是利用数字地图的拓扑数据、DEM 数据以及其他空间数据等，借助 GIS 软件进行计算机辅助空间分析。

作战环境分析的计算机辅助分析以空间分析为主，空间分析源于 20 世纪 60 年代地理和区域科学的计量革命，在开始阶段，主要是应用定量（主要是统计）分析手段用于分析点、线、面的空间分布模式。后来更多的是强调地理空间本身的特征、空间决策过程和复杂空间系统的时空演化过程分析。实际上，自有地图以来，人们就始终在自觉或不自觉地进行着各种类型的空间分析，如在地图上量测地理要素之间的距离、方位、面积，乃至利用地图进行战术研究和战略决策等，都是人们利用地图进行空间分析的实例，而后者实质上已属较高层次上的空间分析。

空间分析是对分析空间数据有关技术的统称。根据作用的数据性质，空间分析可分为：①基于空间图形数据的分析运算；②基于非空间属性的数据运算；③空间和非空间数据的联合运算。空间分析赖以进行的基础是地理空间数据库，其运用的手段包括各种几何的逻辑运算、数理统计分析、代数运算等数学手段，最终的目的是解决与地理空间相关的实际问题，提取和传输地理空间信息，特别是隐含信息，以用于作战环境分析乃至辅助决策。

GIS 空间分析的基本功能，包括量算及查询分析、叠加及网格分析、选址分析、数据插值、空间统计分析等。

二、量算及查询分析

（一）距离量算

距离量算用来计算地图上两点或多点之间的距离（不考虑地形起伏因素）。当点位距离较近时，算的是投影距离；当点位距离较远时，算的是球面

距离。球面距离是指球面上大圆两点或多点之间的最短距离。

线状地物对象最基本的形态参数之一是长度。在矢量数据结构下,线表示为点对坐标 (X, Y) 或 (X, Y, Z) 的序列,在不考虑比例尺情况下,线长度的计算公式为

$$L = \sum_{i=0}^{n-1} [(X_{i+1}-X_i)^2 + (Y_{i+1}-Y_i)^2 + (Z_{i+1}-Z_i)^2]^{\frac{1}{2}} = \sum_{i=1}^{n} l_i \quad (4-11)$$

对于复合线状地物对象,则需要在对诸分支曲线求长度后,再求其长度总和。

通过离散坐标点对串来表达线对象,选择反映曲线形状的选点方案非常重要,往往由于选点方案不同,会带来长度计算的不同精度问题。为提高计算精度,增加点的数目,会对数据获取、管理与分析带来额外的负担,折中的选点方案是在曲线的拐弯处加大点的数目,在平直段减少点数,以达到计算允许精度要求。

在栅格数据结构里,线状地物的长度就是累加地物骨架线通过的格网数目,骨架线通常采用 8 方向连接,当连接方向为对角线方向时,还要乘以 $\sqrt{2}$。图 4-33 所示为 GIS 图上距离量算示意图。

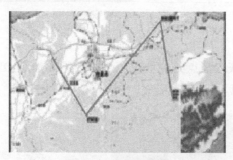

图 4-33　距离量算

(二) 面积量算

面积量算用来计算地图上计算多边形构成的区域内的面积。

面积是面状地物最基本的参数。在矢量结构下,面状地物是以其轮廓边界弧段构成的多边形表示的。对于没有空洞的简单多边形,假设有 N 个顶点,其面积计算公式为

$$S = \frac{1}{2}\left(\sum_{i=1}^{N-2}(x_i y_{i+1} - x_{i+1} y_i) + (x_N y_1 - x_1 y_N)\right) \quad (4-12)$$

所采用的是几何交叉处理方法,即沿多边形的每个顶点作垂直于 X 轴的垂线,然后计算每条边、它的两条垂线及这两条垂线所截得 X 轴部分所包围的面积,所求出面积的代数和,即为多边形面积。对于有孔或内岛的多边形,可分别计算外多边形与内岛面积,其差值为原多边形面积。此方法亦适合于体积的计算。

对于栅格结构,多边形面积计算就是统计具有相同属性值的格网数目。但对计算破碎多边形的面积有些特殊,可能需要计算某一个特定多边形的面积,必须进行再分类,将每个多边形进行分割赋给单独的属性值,之后再进行统计。图 4-34 所示为利用某型野战测绘保障系统进行面积量算的例子。

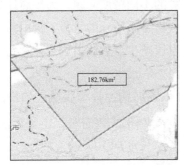 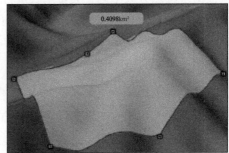

图 4-34 面积量算

(三) 坡度分析

坡度分析用来获取某点处的坡度值。前提是要加载 DEM 数据。图 4-35 所示为利用某型野战测绘保障系统进行坡度分析的例子。

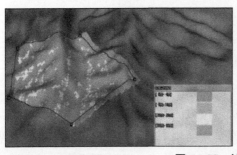 

图 4-35 坡度分析

(四) 断面分析

断面分析也称剖面分析,查看两点或多点之间沿线地形情况。图 4-36 所示为利用某型野战测绘保障系统进行断面分析的例子。

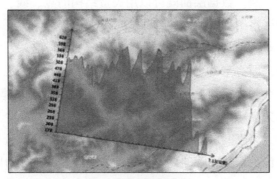

图 4-36 断面分析

（五）通视分析

在某型系统软件上，用鼠标左键取三个坐标点，第一个点为站立点，第二个、第三个点和第一个点连线按逆时针方向确定通视分析的范围，取完三个坐标点后，即开始进行通视分析，画线部分为在站立点上观察不可见的区域，即遮蔽区。无深色线划覆盖的区域为可通视区域。区域通视分析可进行多点同时观察情况下的遮蔽与通视情况分析，图 4-37 所示为利用某型野战测绘保障系统进行通视分析的例子。

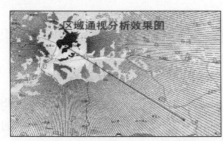 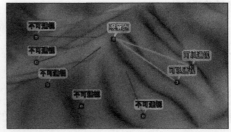

图 4-37 通视分析

此外，还有通道分析、水系分析、居民地分析等，更多内容这里不赘述。

三、叠加及网络分析

（一）叠加分析

大部分 GIS 软件是以分层的方式组织地理景观，将地理景观按主题分层提取，同一地区的整个数据层集表达了该地区地理景观的内容。每个主题层，可以称为一个数据层面。数据层面既可以用矢量结构的点、线、面图层文件方式表达，也可以用栅格结构的图层文件格式进行表达。

叠加分析是 GIS 最常用的提取空间隐含信息的手段之一。该方法源于传统的透明材料叠加，即将来自不同的数据源的图纸绘于透明纸上，在透光桌上将其叠放在一起，然后用笔勾出感兴趣的部分——提取出感兴趣的信息。GIS 的叠加分析是将有关主题层组成的数据层面，进行叠加产生一个新数据层面的操作，其结果综合了原来两层或多层要素所具有的属性。叠加分析不仅包含空间关系的比较，还包含属性关系的比较。GIS 叠加分析可以分为以下几类：视觉信息叠加、点与多边形叠加、线与多边形叠加、多边形叠加、栅格图层叠加。

1. 视觉信息叠加

视觉信息叠加是将不同侧面的信息内容叠加显示在结果图件或屏幕上，以便研究者判断其相互空间关系，获得更为丰富的空间信息。GIS 中的视觉信息叠加包括以下几类：

（1）点状图、线状图和面状图之间的叠加显示。

（2）面状图区域边界之间或一个面状图与其他专题区域边界之间的叠加。

（3）遥感影像与专题地图的叠加。

（4）专题地图与数字高程模型（Digital Elevation Model，DEM）叠加显示立体专题图。

视觉信息叠加不产生新的数据层面，只是将多层信息复合显示，便于分析。

2. 点与多边形叠加

点与多边形叠加，实际上是计算多边形对点的包含关系。矢量结构的 GIS 能够通过计算每个点相对于多边形线段的位置，进行点是否在一个多边形中的空间关系判断。

在完成点与多边形的几何关系计算后，还要进行属性信息处理。最简单的方式是将多边形属性信息叠加到其中的点上。当然也可以将点的属性叠加到多边形上，用于标识该多边形，若有多个点分布在一个多边形内的情形，则要采用一些特殊规则，如将点的数目或各点属性的总和等信息叠加到多边形上。

通过点与多边形叠加，可以计算每个多边形类型里有多少个点，不但要区分点是否在多边形内，还要描述在多边形内部的点的属性信息。通常不直接产生新数据层面，只是把属性信息叠加到原图层中，然后通过属性查询间接获得点与多边形叠加的需要信息。例如登陆地区图（多边形）和一个干出礁分布图（点），二者经叠加分析后，并且将登陆地区图多边形有关的属性信息加到矿产的属性数据表中，然后通过属性查询，可以查询指定区域有多少干出礁，面积有多大；而且可以查询，指定类型的礁石在哪个区域有分布等信息。

3. 线与多边形叠加

线与多边形的叠加是比较线上坐标与多边形坐标的关系，判断线是否落在多边形内。其可以查询指定多边形内指定线穿过的长度。如果线状图层为河流，可以查询任意多边形内的河流长度，进而计算它的河流密度等；如果线状图层为道路网，叠加的结果可以得到每个多边形内的道路网密度，内部的交通流量，进入、离开各个多边形的交通量，相邻多边形之间的相互交通量，如图 4－38 所示。

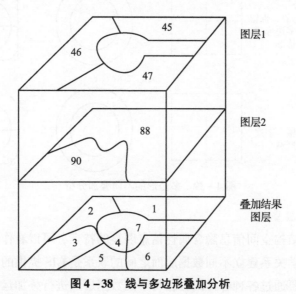

图 4－38　线与多边形叠加分析

4. 多边形叠加

多边形叠加是 GIS 最常用的功能之一。多边形叠加是将两个或多个多边形图层进行叠加产生一个新多边形图层的操作，其结果是将原来多边形要素分割成新要素，新要素综合了原来两层或多层的属性。多边形叠加结果通常把一个多边形分割成多个多边形，属性分配过程最典型的方法是将输入图层对象的属性复制到新对象的属性表中，或把输入图层对象的标识作为外键，直接关联到输入图层的属性表。这种属性分配方法的理论假设是多边形对象内属性是均质的，将它们分割后，属性不变。也可以结合多种统计方法为新多边形赋属性值。

多边形叠加完成后，根据新图层的属性表可以查询原图层的属性信息，新生成的图层和其他图层一样可以进行各种空间分析和查询操作，如图4–39所示。

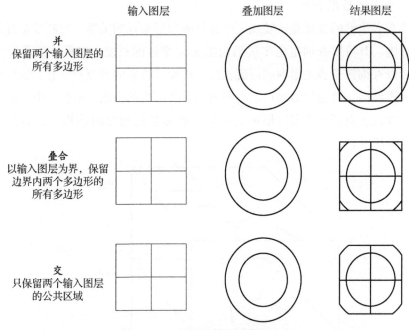

图4–39 多边形的不同叠加分析

5. 栅格图层叠加

栅格数据结构空间信息隐含属性信息明显的特点，可以看作最典型的数据层面，通过数学关系建立不同数据层面之间的联系是GIS提供的典型功能。空间模拟尤其需要通过各种各样的方程将不同数据层面进行叠加运算，以揭示某种空间现象或空间过程。例如土壤侵蚀强度与土壤可蚀性、坡度、降雨侵蚀力等因素有关，可以根据多年统计的经验方程，把土壤可蚀性、坡度、降雨侵蚀力作为数据层面输入，通过数学运算得到土壤侵蚀强度分布图。这种作用于不同数据层面上的基于数学运算的叠加运算，在GIS中称为地图代数。地图代数功能有三种不同的类型：

（1）基于常数对数据层面进行的代数运算。

(2) 基于数学变换对数据层面进行的数学变换（指数、对数、三角变换等）。

(3) 多个数据层面的代数运算（加、减、乘、除、乘方等）和逻辑运算（与、或、非、异或等）。

栅格图层叠加的另一种形式是二值逻辑叠加，可作为最基本的作战环境要素叠加分析模型，如将岸滩区域的坡度要素和底质要素栅格化（或网格化），然后对每一个栅格赋值，最后进行二值逻辑叠加。逻辑操作类型包括与、或、非、异或等，最终得出是否适合的分布图。

(二) 网络分析

对交通网络、水系网络、电力线网络等进行地理分析和模型化，是 GIS 中网络分析功能的主要目的。网络分析是运筹学模型中的一个基本模型，它的根本目的是研究、筹划一项网络工程如何安排，并使其运行效果最好，如一定资源的最佳分配，从一地到另一地的机动最优路线等。

1. 网络数据结构

网络数据结构的基本组成部分和属性如下：

1) 链

网络中流动的管线称为链（Link），如街道、河流、水管等，其状态属性包括阻力和需求。

2) 节点

网络中链的节点（Node），如港口、车站、电站等，其状态属性包括阻力和需求等。节点包括下面几种特殊的类型。

(1) 障碍（Barrier）：禁止网络中链上流动的点。

(2) 拐点（Turn）：出现在网络链中的分割节点上，状态属性有阻力，如拐弯的时间和限制（如在 8:00—18:00 不允许左拐）。

(3) 中心（Center）：接受或分配资源的位置，如水库、商业中心、电站等，其状态属性包括资源容量（如总量）、阻力限额（中心到链的最大距离或时间限制）。

(4) 站点（Stop）：在路径选择中资源增减的节点，如库房、车站等，其状态属性有资源需求，如产品数量。

除基本的组成部分外，有时还要增加一些特殊结构，如邻接点链表用来辅助进行路径分析。

2. 主要网络分析功能

1）路径分析

（1）静态求最佳路径：在给定每条链上的属性后，求最佳路径。

（2）N 条最佳路径分析：确定起点或终点，求代价最小的 N 条路径，因为在实践中最佳路径的选择只是理想情况，由于种种因素而要选择近似最优路径。

（3）最短路径或最低耗费路径：确定起点、终点和要经过的中间点、中间连线，求最短路径或最小耗费路径。

（4）动态最佳路径分析：实际网络中权值是随权值关系式变化的，可能还会临时出现一些障碍点，需要动态地计算最佳路径。

2）资源分配

资源分配网络模型由中心点（分配中心或收集中心）及其属性和网络组成。分配有两种形式：一种是由分配中心向四周分配，另一种是由四周向收集中心分配。资源分配的应用包括选址、站点分布等。

四、选址分析

利用 GIS 软件进行选址具有快捷、方便的优点，如集结地域的选择、指挥所的选择、登陆点的选择等。当然，涉及作战问题的选址，需要建立相应模型才能进行。利用 GIS 软件内置功能只能进行简单的选址，但原理是一样的。

下面举例说明如何利用空间操作和特征提取功能，为一建设项目选择最佳的建设位置。

1. 建立分析的目的和标准

分析的目的是确定一些具体的地块，作为一个轻度污染工厂的可能建设位置。工厂选址的标准包括：

（1）地块建设用地面积不小于 $10000 m^2$。

（2）地块的地价不超过 1 万元$/m^2$。

（3）地块周围不能有幼儿园、学校等公共设施，以免受到工厂生产的影响。

2. 从数据库中提取用于选址的数据

为达到选址的目的，需准备两种数据：一种为包括全市所有地块信息的数据层；另一种为全市公共设施（包括幼儿园、学校等）的分布图。

3. 进行特征提取和空间拓扑叠加

从地块图中选择所有满足条件 1、2 的地块，并与公共设施层数据进行拓扑叠加。

4. 进行邻域分析

对叠加的结果进行邻域分析和特征提取，选择出满足要求的地块。

5. 将选择的地块及相关信息以地图和表格形式打印输出。

五、数据插值

空间插值方法可以分为整体插值方法和局部插值方法两类。整体插值方法用研究区所有采样点的数据进行全区特征拟合；局部插值方法是仅仅用邻近的数据点来估计未知点的值。

整体插值方法通常不直接用于空间插值，而是用来检测不同于总趋势的最大偏离部分，在去除宏观地物特征后，可用剩余残差来进行局部插值。由于整体插值方法将短尺度的、局部的变化看作随机的和非结构的噪声，从而丢失了这一部分信息。局部插值方法恰好能弥补整体插值方法的缺陷，可用于局部异常值，而且不受插值表面上其他点的内插值影响。

整体插值方法通常使用方差分析和回归方程等标准的统计方法，计算比较简单。其他的许多方法也可用于整体空间插值，如傅里叶级数和小波变换，特别是遥感影像分析方面，但它们需要的数据量大。本书仅介绍局部插值方法。

（一）局部插值方法的步骤

局部插值方法只使用邻近的数据点来估计未知点的值，包括以下几个步骤：

（1）定义一个邻域或搜索范围。

（2）搜索落在此邻域范围的数据点。

（3）选择表达这有限个点的空间变化的数学函数。

（4）为落在规则格网单元上的数据点赋值。重复这个步骤直到格网上的所有点赋值完毕。

使用局部插值方法需要注意的几个方面是：所使用的插值函数；邻域的大小、形状和方向；数据点的个数；数据点的分布方式是规则的还是不规则的。

（二）最近邻点法：泰森多边形方法

泰森多边形（Thiessen，又称为 Dirichlet 或 Voronoi 多边形）采用了一种极端的边界内插方法，只用最近的单个点进行区域插值。泰森多边形按数据点位置将区域分割成子区域,每个子区域包含一个数据点,各子区域到其内数据点的距离小于任何到其他数据点的距离,并用其内数据点进行赋值。连接所有数据点的连线形成 Delaunay 三角形,与不规则三角网(Trianglated Irregular Network, TIN)具有相同的拓扑结构。

GIS 和地理分析中经常采用泰森多边形进行快速的赋值,实际上泰森多边形的一个隐含的假设是任何地点的气象数据均使用距它最近的气象站的数据。而实际上,除非是有足够多的气象站,否则这个假设是不恰当的,因为降水、气压、温度等现象是连续变化的,用泰森多边形插值方法得到的结果图变化只发生在边界上,在边界内都是均质的和无变化的。

(三) 移动平均插值方法:距离倒数插值

距离倒数插值方法综合了泰森多边形的邻近点方法和趋势面分析的渐变方法的长处,它假设未知点 x_0 处属性值是在局部邻域内中所有数据点的距离加权平均值。距离倒数插值方法是加权移动平均方法的一种。加权移动平均方法的计算公式为

$$\hat{z}(x_0) = \sum_{i=1}^{n} \lambda_i \cdot z(x_i), \quad \sum_{i=1}^{n} \lambda_i = 1 \qquad (4-13)$$

其中,权重系数由函数 $\varphi(d(x,x_i))$ 计算,要求当 $d \to 0$ 时 $\varphi(d) \to 1$,一般取倒数或负指数形式 d^{-r},e^{-d},e^{-d^2}。其中,$\varphi(d(x,x_i))$ 最常见的形式是距离倒数加权函数,形式为

$$\hat{z}(x_j) = \sum_{i=1}^{n} z(x_i) \cdot d_{ij}^{-r} / \sum_{i=1}^{n} d_{ij}^{-r} \qquad (4-14)$$

式中:x_j 为未知点;x_i 为已知数据点。

加权移动平均公式最简单的形式称为线性插值,公式为

$$\hat{z}(x_0) = \frac{1}{n} \sum_{i=1}^{n} z(x_i) \qquad (4-15)$$

距离倒数插值方法是 GIS 软件根据点数据生成栅格图层的最常见方法。距离倒数法计算值易受数据点集群的影响,计算结果经常出现一种孤立点数据明显高于周围数据点的"鸭蛋"分布模式,可以在插值过程中通过动态修改搜索准则进行一定程度的改进。

在航线选择水深模型中,采用距离倒数插值方法,计算效果如图 4-40 所示。

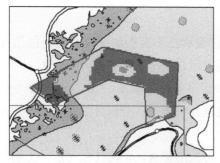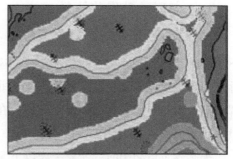

图 4-40　航线选择分析中距离倒数插值计算效果

第五节　分析专题图制作

作战环境分析的主要目的在于解答指挥员提出的各种问题。这些问题一般都很具体，诸如"步兵连向 861 高地运动的最佳途径是什么？""要修筑一条从 X 到 Y 的道路，在何处可以找到筑路材料？""在 Z 区内何处是直升机最好的降落场地？"等。如何解答这类问题，一方面可以用文字描述的方式，另一方面可以采用分析专题图的方式，后者更加直观，更易于指挥员进行决策参考。

专题图的种类可以有很多，其中重要的有越野运动图、交通线路图、进入地带图、掩蔽和隐蔽图、射击观测和射界图、近地隐蔽飞行图等。上述每一种专题图的编制都要求分析员考虑作战环境尤其是地形的一切军事性能，即重要地形、障碍物、掩蔽和隐蔽、射击观测与射界、运动的通路等。

对每一种专门用途来说，它们的重要性并不完全相同。为了确定两栖部队登陆的最佳地带（进入地带），首先要弄清障碍物在何处？这要根据地势图或许还要根据人工地物图来确定。一是要指出何处的海滩背靠难以攀登的峭壁，何处有险岩和岬角；二是要指出诸如堤坝、海堤这样一类障碍物的位置。然而，登陆要求靠近海岸快速运动，为此，必须了解安全可靠的重要地形、敌人可能隐藏的地点以及深入内地的最佳途径；同样，必须了解突击部队可以获得最佳观察点和最佳射界的地带。所有这些都需要利用分析人员编绘的植被透明图、地表类型透明图和人工要素透明图等。另外，还应注意，地形的军事性能可以根据单一的要素图来确定，但必须与解决现有的具体问题结合起来。

一、越野运动图的编制

越野运动图有时称为"通路"图。它表示在不可能利用现有道路的情况下,各种车辆到达目的地的最佳路线,还表示这些车辆不能通行的地区。为用计算机完成上述工作,已经设计了一些非常完善的"模型",但这些模型在指挥员需要时却不能在野外条件下使用。在这种情况下,分析员就有责任为指挥员提供所需要的情报。

编制越野运动图时,需要考虑以下 5 种地形要素:①天气和气候;②地貌和坡度;③土壤;④植被;⑤水系,并要考虑这些要素之间的相互联系。例如,干燥的土壤适宜于履带式车辆通行;潮湿的土壤则完全不适宜。但当土壤冻结得十分坚固,并且坡度不超过 15°,株距在 5m 以上时,则履带式车辆可以十分顺利地通过。

编制越野运动图的步骤如下:

(1) 从参考资料档中取出基本资料——坡度、土壤、植被和水系——透明图(要素透明图),以及天气和气候资料。

(2) 将地形透明图置于透写桌上的基本图之上,再将一张新的空白透明片粘贴于地形透明图上。标出诸如悬崖或冲沟之类的阻碍通行的障碍物。

(3) 用坡度透明图确定将要使用的车辆在极端条件下可通行的范围。标出极难通行的斜坡(坡度15°以上)和易于通行的斜坡(坡度为0°~15°)。勾绘出它们的范围,并在其中标明"差""优",其余范围标明"良",如图 4-41 所示。

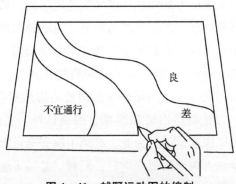

图 4-41 越野运动图的编制

(4) 拿掉坡度透明图,换上土壤透明图。按照上一步的作法,选定、勾绘和标出对计划使用的车辆来说不宜通行的范围,或者通行状况为"差"

"优"或"良"的范围,并将选定的范围及选定的理由列于图边。要考虑在用图期间预期的天气会怎样影响那时的土壤状况。

(5) 假如天然的和栽培的植被相当稠密,则势必减缓越野的速度。树木的直径和间距尤其重要。例如,若已经确定有关的车辆(如突击车)不能撞倒直径超过20cm的树木,并且至少需要5m的树距才能通过,则应在树干直径为20cm和超过20cm、树距小于5m的林区标明"不能通行"的字样;若所有树木直径都小于20cm,但却相当稠密,则这一地区可能难以通行。植被十分稀疏的地区,比如说覆盖面积不到50%的沙漠或耕地,应当标明"通行状况良好"的字样。

(6) 用相同的方法处理水系要素透明图。水流很深或相当湍急,或底部稀软,或有影响车辆通行能力的陡岸时,就成为越野运动的障碍。要考虑在什么季节和预期的天气里,水位将升高或降低,会不会结冰。在高纬度地区,在冬季河水可能结冰,河流便成为良好的通路;但在春季"解冻"时期,却又无法通行。所以,要考虑所有这些因素。

(7) 在分析了坡度、土壤、植被和水系这些影响越野运动的主要因素之后,再查看一下其他透明图,看是否还有一些别的需要考虑的地形要素,是否有阻碍通行的居民地。在上述分析中,一般不会关心现有的公路,但公路的路堑和铁路的路堤却可能是越野运动的障碍。至于可能成为通行障碍的砾石地带或岩层的情况,可在地质透明图中看出。

(8) 在分析了每一种地形要素的影响之后,就有可能在越野运动图上表示出"不宜通行"的某些地带,其他地带可能标为"最佳通行地带"。这样,或许会出现列为"良"或"差"的两个中等的可通行地带,如表4-4所示。

表4-4 通行状况判定标准

要素	最佳	良	差	不适宜
通行	有沙砾的平地,易通行。但多次通行则会尘土飞扬	水浸散沙	切割很深的阶地、水库等	有一些非常陡的斜坡,任何车辆均无法通行,步兵通行困难
障碍	无	暴洪可能在冲积扇造成冲沟	有需要架桥的河流	山脉通常是主要的障碍

(9) 确定并标出需要特别防备敌人可能伏击的所有地点。狭窄的通道，视界非常狭小的地点，或者能使运动减缓的天然障碍物，都应标为"可能伏击的地点"。缓的天然障碍物，都应标为"可能伏击的地点"，如图 4-42 所示。

图 4-42　可能伏击的地点

(10) 最后，应编制一份越野运动图的附表，说明图中标示这些地带的原因。附表的上部写上标题，指明图的种类，左侧列出地形的各种军事性能，如掩蔽、隐蔽、障碍和通行等，再把凡能帮助指挥员定下决心的一切资料填入各栏内。

二、交通线路图的编制

交通线是联系作战部队和作战基地的、赖以提供补给和增援的所有陆路、水路和航空线。运输部队和后勤人员在拟订联系作战部队与作战基地的水、陆空交通线的计划时特别需要交通线路图。在拟订切断敌方供给线的计划时也需要交通线路图。交通线路图与越野运动图有所不同，它所表示的是提供补给的路线而不是部队运动的路线。因此，它更着重于表示现有公路、铁路和飞机场，或者表示可以修筑公路、铁路和飞机场的地带。

编制交通线路图的步骤如下：

(1) 取出底图和同一地区的公路、小路、铁路、飞机场、地形和坡度、土壤、水系、地质和植被要素透明图。

(2) 将公路和铁路要素透明图置于基本图之上，再在透明图上粘贴一张空白透明片。绘出内图廓线，并在上图边写上图名，把要素透明图上的内容转绘到空白透明片上，此透明片为交通线路图的底图。

(3) 具体作法是：先描绘主要公路（通过图幅的线路），并用地形图图式中给出的惯用符号将公路分级。

(4) 描绘次要公路以及铁路，并加以注记。在下图边上绘出图例，列出透明图上用过的所有符号。假如这一地区没有公路和铁路，则只描绘小路。

(5) 利用机场要素透明图，将机场绘入交通线路图内，并加注跑道长度、铺面类型和降落辅助设备之类的资料。

(6) 查看土壤要素透明图，看看土壤条件对无铺面的道路有何影响。考虑可能会出现的天气以及这种天气是否会使路面泥泞、结冰、干燥和尘土飞扬；预期的天气状况对部队沿公路运动有利还是不利。

(7) 将地形透明图置于交通线路图之下，看看是否有线路穿过陡峭的地形。若有，则要查看坡度要素透明图。但要记住，若公路不与等高线垂直，则公路的坡度与坡度透明图上所表示的坡度不一样。可用作检核点的突出地面特征应标绘在交通线路图上。

(8) 将水系要素透明图置于交通线路图之下，查看是否有洪水可能阻碍交通的地区。若有，则应将这一地区标绘在交通线路图上。再看看是否有需要架桥和可以徒涉的河流；有什么渡河的设备。

(9) 查看植被要素透明图，标绘出道路隐蔽在植被中的地区，并标示出一年中一定时期内树冠郁蔽度的百分率。

(10) 如果指挥员要考虑线路的维护保养，那么就需要地质要素透明图。利用它将有砂石或其他筑路材料的地方标绘在交通线路图上。

(11) 编制一份图表或其他种类的一览表，说明可用线路的有利情况和不利情况。一定要把提到的每一项内容，都表示在交通线路图中并在图例中作说明。

三、进入地带图的编制

进入地带是指借以进入敌占区的任何地带，如直升飞机的降落地带、伞兵部队的空降地带、海滩或渡口等。

编制进入地带图的方法与编制越野运动图和交通线路图的方法相同，需要的要素透明图有地形、坡度、土壤、岸滩、水系、地质和植被要素透明图。地表形态是重要的要素。显著的高地，如山丘和山脊，通常是必须占领的"重要地形"。这种地形不仅可用来控制运动的道路，而且可防止敌人用作观测所，也应把它们标注为低空飞行的可能的障碍物。坡度大于7°的斜坡应标为直升机降落的可能危险区。另外，还要标出空降部队可借以从降落地区——岸滩、伞兵空降地带或直升机降落地带撤离的"前出地带"。如果他们待在原地不动，就成为坐以待毙的目标，因此，应使他们事先了解可以用作快速撤离的路径。

海滩要素透明图是研究进入地带的基本依据，但却不能提供所需要的全部情况。因此，必须补充以植被、土壤以及人工要素方面的资料。

在研究进入地带时，水系是最重要的一种要素。水系要素透明图能提供诸如妨碍军事行动的河流或湖泊的位置、渡口应设置的位置以及冬季可用作空降地带的结冰湖泊的位置等方面的资料。通常，总是把水系要素透明图与这一地区的气候资料放在一起进行研究，这在易受季节性洪水侵袭的地区，如季风区尤为适用。标出战时洪水可能泛滥的地区，可以使指挥员掌握空降部队或后勤补给的非安全地带。另外，水体还可用作直升机驾驶员的助航标志。

地质透明图上标有岩石露头和巨石，它们可能成为直升机降落、伞兵空投或两栖作战的障碍，因此，要将它们标在进入地带图上，并加以注记。最后，检查一下编绘好的图上是否写了图名，作了标记和说明注记。图上应清楚地标出最佳进入地带，这样，使用者才能迅速了解你所建议的进入地带的具体位置，以及选定这一地区作为进入地带的理由。

四、掩蔽和隐蔽图的编制

掩蔽和隐蔽图对于拟订掩护友军的计划和判定敌方可能的位置都具有重要意义。

在编制掩蔽隐蔽图时，要使用的要素透明图有植被、地形、地质和土壤透明图。各种透明图的使用顺序如下：

（1）在大多数地区，植被是隐蔽中最重要的要素。利用林冠郁蔽或植被类型透明图，在掩蔽和隐蔽透明图上标绘出隐蔽性能优、良、差和无隐蔽性能的地区。例如，树冠完全密闭的阔叶林具有良好的隐蔽性能，许多荒漠地区和休耕的农田没有隐蔽性能，其他类型的植被，如林地、高草和灌木丛则具有部分隐蔽性能。

（2）在大多数地区，微地貌要素是最重要的地貌形态。在地形透明图上已经标绘出的地面起伏、小峡谷和其他要素可能具有防敌火力的掩蔽性能，因此，应将它们转绘到掩蔽和隐蔽图上。

（3）地质构造，如岩石露头和岩洞等可能具有掩蔽和隐蔽性能，应当在图中表示出来。

(4) 由于土壤与挖掘坑道、修筑野战防御工事以及进行伪装等有直接关系，所以对掩蔽和隐蔽都很重要，应在图中表示出土层厚度和土质类型。

综合上述 4 种透明图中的资料，即可编成表示掩蔽与隐蔽性能优、良、差的地区范围的掩蔽和隐蔽图。然后再加以注释，说明如此分类的理由。

五、射击观测和射界图的编制

射界是指一件武器或多件武器可从特定位置作有效射击的地区。这意味着在射界内应当没有妨碍有效地发挥火力的植被或其他障碍物，因此，为了编绘这种射界图，就要使用在编绘掩蔽和隐蔽图中使用的要素透明图。然而，这次使用这些透明图的目的是要了解地形的开阔情况，而不是要了解它具有多少隐蔽性能。

(1) 利用植被透明图着重了解矮树丛和树距情况。要在射界图上把水平能见度最佳的、尚可的（即经清除后，射界良好），以及由于植被太密完全不可能发挥火力的地方标示出来。若树木直径较大，可被敌人用作掩护，则不管是直立的或倒下的，都应在图上加以注记。

(2) 地表形态可被敌人用以掩护自己，因而有可能限制射界。所以，要将敌人能够利用的一些微地貌要素加以注记。

(3) 利用土壤透明图判定敌方必须挖掘并使用防御坑道的可能地点。

(4) 地质要素透明图上标定的岩石和巨石会妨碍射界，因此，应在此图中标示出来。

第五章　塔拉瓦登陆战役作战环境分析

本章以作战环境分析的视角，对塔拉瓦登陆战役进行了环境分析。因为是历史战例，且距今年代久远，难以获取全面细致的分析资料，因此主要以文字叙述的方式进行得失分析。

塔拉瓦登陆战役是美军首次珊瑚岛礁登陆战役，此役美军虽然取得胜利，但也付出了惨重代价，在珊瑚岛礁环境对战斗影响方面获取了许多宝贵的经验，对其进行作战环境分析，剖析其得失，对我未来岛礁夺控战斗有很好的借鉴意义。

第一节　作战背景

1942年7月，美军在太平洋战场由战略防御转为战略反攻。随着美国力量越向西扩张，其海上交通线受到日本海空力量的威胁就越大，占领日本的海上机场和舰队锚地就越显非常必要。为此，美军设想如果占领加罗林群岛中的特鲁克岛、帛硫群岛、马里亚纳群岛，美国B-29轰炸机就可把日本置于航程之内，但是日军占领的吉尔贝特群岛和马绍尔群岛犹如一张巨大的蜘蛛网覆盖在太平洋上，阻碍着美军向西扩展的战略行动。为此，美军太平洋舰队总司令决心组织两个规模巨大的战役，分别夺取马绍尔群岛和吉尔贝特群岛。

吉尔贝特群岛和马绍尔群岛都是一群珊瑚岛礁。吉尔贝特群岛由16个环礁组成，位于马绍尔群岛轴心的东南方向，在北纬5°～南纬5°，东经173°～175°。马绍尔群岛由32个环礁组成，在北纬5°～12°，东经160°～172°。

第二节 双方战斗准备和兵力部署

一、日军战斗准备和兵力部署

日军于第一次世界大战后就占领了吉尔贝特群岛和马绍尔群岛，1920年国际联盟委托日本代管这些群岛，从1930年起日本就对吉尔贝特群岛和马绍尔群岛进行了系统的军事建设，在许多岛屿上修建了机场，将岛屿发展成为海上综合补给基地，并对岛屿进行设防，使众多岛屿具有较强的防御能力。其中，吉尔贝特群岛中的塔拉瓦环礁是日军防御重点。塔拉瓦是一个三角形的珊瑚环礁，位于赤道以北80海里。环礁东面的边和南面的边各长18海里和12海里，由一连串狭长并盛产椰子的岛屿组成，西面的边除了两个通往礁湖的深水水道，全部都是堡礁，如图5-1所示。

图 5-1 塔拉瓦环礁

位于塔拉瓦环礁西南角的贝希欧岛是日军防御的重中之重。贝希欧岛全长3800码（1码=0.9144m），宽500~600码，其面积粗略计算为291英亩（1英亩=4046.86m²）。岛上的飞机场有一个长4000英尺（1英尺=0.3048m）的三角形跑道，位于岛的中部。日军为了扩展飞机跑道，已将岛西部的树木完全砍光，岛的其余部分则在椰林掩护之下，筑有完整的防御配系。贝希欧岛的防御概况如下：

（1）在海滩外围布有混凝土三角体的防舰艇障碍物、珊石堆、倒刺的铁丝网和木栅，目的是迫使对方登陆艇驶入炮火密集的航道。

（2）在岛四周的海滩里边数尺处，设有3~5英尺高的木栅障碍物，它们大多是用铁丝捆绑与用铁钉钉在一起的椰子木。

（3）在木栅障碍物后面，设有13mm和7.7mm机枪阵地。有些机枪为高平两用。机枪阵地有的用椰子木和珊瑚砂覆盖，有的用混凝土和钢板覆盖。各机枪阵地之间通过掩蔽壕互相联结，在掩蔽壕里附有射击孔、指挥所和弹药库。

（4）在岛上各个岬角和沿岸其他各要点，布设有口径为140~203mm的岸炮阵地11处。各岸炮阵地皆有防空洞、地下弹药库和射击指挥装置。

（5）沿海滩地带和在海滩上设有25门野炮（37mm和75mm），这些炮有的设在掩体内，大多数在永备发射点内，还有用钢板或混凝土盖加固。这些永备发射点十分坚固，除用最大口径炮外，其他炮即使直接命中亦不能将其摧毁。数十门13~130mm的高射机枪和高射炮。7辆固定的坦克，共有14门37mm炮。

（6）在兵营区、司令部地区和一些海滩后设有防空洞。它们由椰子木建成，用三角铁加固，其顶部厚6英尺多，由砂石、椰子木和波状铁板构成，只有大口径炮的穿甲弹或其他延时爆炸弹方能将其击穿。防空洞内许多地方都用挡板样的隔墙隔成许多间，这就使经由炮眼或气窗进入的爆炸气流不致伤害洞内的人员。后来日军曾凭借这些庞大的防空洞负隅顽抗，但其远不像其他防御设备那样对两栖产生致命的威胁。

由于贝希欧岛最宽处不超过600码，所以差不多所有岛上的防御设施皆可用来对付海滩上的登陆部队。虽然硫磺岛、佩勒刘岛、冲绳岛有些地方设防也很严密，但军事史上还从未见过像贝希欧岛那样设防如此严密的小岛。美军幸运的是，日军尚未来得及在沿礁湖的海滩布设水雷或在那里设置障碍物。

日军在贝希欧岛的防御设施不仅经过了精密的计划，而且防御的兵力也很充足。担任岛上防御任务的两支部队：一支是日本佐世保海军第 7 特种登陆部队，这支部队有官兵 1497 名，指挥官是管井中校；另外一支是第 3 特种基地部队，这是一支由 1122 人组成的登陆部队，1943 年 3 月以来就驻在该岛。此外，还有在岛上修建防御工事的第 111 轻工兵部队（相当美国一个海军工程营）的 1247 人和第 4 舰队工程队的 970 人（其中一半以上是朝鲜人）。虽然有部分人员在预先火力准备中伤亡，但至 11 月 20 日岛上尚有 4500 多名身体强壮、战斗顽强的士兵。岛上的司令官是海军少将柴崎（11 月 20 日在其混凝土的指挥所里被击毙）曾宣称过："美国人用 100 万的兵力花 100 年的时间也拿不下塔拉瓦。"

二、美军战斗准备和兵力部署

1. 作战准备

美军于 1943 年 10 月 13—20 日，对吉尔贝特群岛和马绍尔群岛进行了全面的航空侦察，拍摄的侦察照片对分析日军机场、海滩、潮汐等情况提供了详细资料。美国"舡鱼"号潜艇在潜望镜上装了个照相架，对塔拉瓦、阿贝马马岛和马京岛进行了详细侦察，拍摄了一长卷电影胶卷，所有海岸都连续拍摄下来，获得了非常重要的战役、战术情报。

2. 作战对象选择

在夺占吉尔贝特群岛和马绍尔群岛上，美军遇到了一个麻烦问题，那就是首先选择哪一个群岛作为首突对象。美军最初一直设想把马绍尔群岛作为首先夺取的对象，参谋长联席会议对太平洋舰队也一直是这样要求的。但尼米兹和他的参谋人员经过研究，提出要夺取马绍尔群岛就必须首先夺取吉尔贝特群岛，其理由：一是只有占领吉尔贝特群岛才能对马绍尔群岛进行全面侦察；二是只有占领吉尔贝特群岛，美军才有空中跳板。参谋长联席会议最终接受了尼米兹的建议，首先攻占吉尔贝特群岛。

3. 确定登陆目标

吉尔贝特群岛的 16 个环礁中，塔拉瓦环礁中的贝希欧岛无疑是进攻的主要目标。但从阿贝马马岛、淄鲁岛和马京岛中选择次要进攻目标时，美军存在着不同的观点。有的将军主张要夺取阿贝马马岛，因为日军在那里修建的机场即将完工，无疑这也是一个重要目标。有的将军主张要夺取淄鲁岛，他们认为：将一个距离塔拉瓦380海里且有机场的岛屿留在日本人手里是不够明智的，夺取淄鲁岛可起"扩大基地"的作用。但是经过研究，大家都不愿意夺取它，因为淄鲁岛没有港口和礁湖，四周是狭窄的海岸平原，在平原上日本人已修建了机场，在中间高地上，日本人已设有岸炮。据计算要夺取淄鲁岛至少需要一个整师的兵力，这样在夺取塔拉瓦的同时，舰队没有力量运载这个师，但如果要夺取马京岛，同样也可达到扩大基地的目的，且只要一个团就够了。最后尼米兹得到参谋长联席会议同意，最终决定把马京岛和阿贝马马岛作为次要突击目标。

4. 选择登陆点

美军在贝希欧岛可以选择登陆的地点有三个：一是南部海滩；二是西部海滩；三是靠礁湖的北部海滩，那里有个小码头，长750码，穿过珊瑚礁伸出到深水区。前两个登陆地点是日本人希望美军登陆的地方，因为两地的海岸都成凹角，使入侵者易遭火力射击。沿南岸有一连串的木栅障碍物、铁丝网和混凝土障碍物，这些障碍物可以牵制登陆艇，迫使其航行到大小火炮皆可控制的接近路。西岸虽然处于背风面，接近路短，天然障碍少，那里的木栅障碍物后面日本人也没有设置兵壕，但那里（即绿滩）珊瑚礁上的两列混凝土障碍物，以及其中间布设的水雷，迫使接近的登陆艇必须航行到3门76mm旋转式固定炮火力射击范围之内的水域。

靠礁湖北岸有一段比较宽大的正面（红1滩、红2滩和红3滩）可供部队登陆。虽然日本人在那里的防御装备比较缺乏，防御部署也比较薄弱，而且没有反坦克障碍物，在此登陆困难较少，但组织计划复杂。运输舰停泊区离该岛的最近距离约为10海里，登陆艇在运输舰和航路之间的海域编成队形之后，必须要航行3.5海里，才能到礁湖之内的出发线，然后来一个75°的转向，再航行3海里才能到达海滩。如果潮汐碰得不巧，两栖最后还要涉过或爬过300～500码的珊瑚礁。

最终美军选择北岸为登陆点，计划登陆3个营，登陆后横扫全岛及飞机场，在岛的东部束缚住日军，次日将日军全部解决。

5. 确定登陆时间

在每月的22日之前，吉尔贝特群岛的潮汐是"捉摸不定潮"，即潮汐的变化是不能预料的。这种"捉摸不定潮"是一种不规则的小潮，一天涨落数次，间隔时间不定，在停潮时有数小时水位不变。例如在1943年登陆后下个月的 20 日，就发生了这样的"捉摸不定潮"，0900 时珊瑚礁外层的水位上涨 4 英尺，停潮 3h，以后 3h 落 1 英尺，停潮 2.5h 以后，到 1815 时水位又下降 2 英尺，到 2000 时水位又逐渐涨到 3.4 英尺，停潮 2h，潮水就这样涨落不定。如果登陆时处于高的"捉摸不定潮"，那么由于上涨的潮水能够在珊瑚礁的上面保持足够的深度漂浮登陆艇，对登陆部队是极为有利的。如果登陆行动是在低的"捉摸不定潮"条件下进行的，那么登陆艇不可能在珊瑚礁上航行，对登陆部队是不利的。这给登陆时间的确定造成了困难，但完全可以肯定的是"捉摸不定潮"在 22 日就要过去，可特纳少将由于下面三种原因决定不能把 D 日定在 22 日后。一是高潮出现的时间每天要推迟 1h，这就会延迟火炮和重型装备的登陆；二是由于当时的西风日紧，而塔拉瓦的西风会激起短而陡峭的海浪，致使登陆成为不可能；三是 11 月 22 日后到来的大潮会盖过整个海滩，一直延伸到敌人的木栅障碍处，对登陆兵上陆不利。因此，确定 D 日是 1943 年 11 月 20 日，H 时为 0830。

6. 兵力部署

美军攻占贝希欧岛的兵力是：登陆兵为两栖第 2 师，共有 18000 人，下辖 2、6、8 三个陆战团及直属炮兵。支援兵力包括战列舰 3 艘、巡洋舰 8 艘、航空母舰 8 艘、驱逐舰 19 艘。

美军的兵力部署是：首先使用陆战 2 团的 3 营和 2 营在红 1 滩、红 2 滩登陆，陆战 8 团 2 营在红 3 滩登陆。陆战 8 团的 1 营和 3 营为师的二梯队，视情在红 1 滩、红 3 滩登陆，陆战 6 团的 1 营和 3 营作为军的预备队，视情在绿滩登陆，陆战 6 团的 2 营夺占贝希欧岛东侧的拜里基岛等小岛。第一梯队营分 5 波上陆，第一、第二、第三波使用 LVT 履带车共 100 辆，第四、第五波使用登陆艇。

第三节 作战经过

一、航渡

南部登陆突击编队（53 特混编队）11 月 12 日在希尔指挥下，由新西兰埃法提岛上船，13 日和从圣埃斯皮里士港出航的护航航空母舰会合，向东北航行，在富纳富提以东 75 海里处加油后向北航行，再转向塔拉瓦。

二、展开（换乘）、火力准备

D 日 0030 时输送舰和火力支援队开始展开。0315 时输送舰到达换乘区准备换乘，后来发现输送舰位于己方舰炮射击危险区内，随后再临时移动位置。0355 时输送舰重新占位完毕。0400 时开始放小艇换乘。0507 时日军岸炮向美军舰艇射击。0507～0542 时美军舰炮进行直接火力准备。

此时按计划，航空兵应当接着进行火力准备，但因对计划发生误解和通信保障出现问题，一时无法沟通联络。因此，出现了 20min 火力间隙，使日军岸炮能从容地向运输舰群进行射击，迫使美军运输舰群又一次转移锚位。0605～0855 时美军继续进行航空和舰炮火力准备。

美军的直接火力准备，总计舰炮射击 2h 30min，共发射炮弹 3000t，航空兵在 D 日投弹总计 1000t。摧毁了日军许多岸上设施，破坏了日军的通信系统，压制了日军的岸炮和高炮，毁坏了日军炮火指挥仪器，毙伤不少日军。日军的还击，也杀伤了一些美军，美军"林哥德"号驱逐舰被损坏。

三、扫雷

正当进行舰炮火力支援时，扫雷舰"追踪"号和"必需"号在烟幕的掩护下清扫了运输舰停泊区通向礁湖的一条航道，并用其 76mm 炮对岸上向其射击的日军炮火进行回击。"马里兰"号的一架飞机引导"追踪"号进行布设浮标的任务，并投掷发烟罐以标明浅滩所在地。"必需"号则驶回礁外边去引导驱逐舰"林哥德"号和"达希耳"号进入礁湖。当它们冲进礁湖时，引起日军岸炮的注意，日军炮火对其进行猛烈射击，炮弹落在它们的周围。但仅"林哥德"号被击中，其中 1 颗炮弹将左舷主机击毁，但炸弹未爆炸。由于到目前为止尚没有较大型的军舰敢于进入礁湖，因此，两艘驱逐舰与两艘扫雷舰将日军对海防御的所有正面火力都吸引过来了。

四、冲击上陆

美军原计划 0745 时第一波通过出发线，但因运输舰移位，实际航程增大了，风浪的增大也影响了履带车车速，美军不得不将 H 时两次推迟，最后定为 0900 时，但实际上最早登滩的时间为 0913 时，履带车在海上航行差不多 4h。

由于登陆时间推迟和舰炮火力准备至0855时停止了，使日军获得了喘息的机会，日军利用美军火力准备出现的间隙，迅速地从北岸向南岸机动部队。

在登陆过程中，前三波的履带车除红1滩方向的2团3营损失较大外，其他伤亡比较少。

但第四波、第五波都被阻止在礁盘的边缘上，第四波装的37mm炮只得返回，第五波装的坦克，有的在礁盘上卸下，结果部分坦克掉在深水坑里。

1000时，红2滩、红3滩上的美军（2团2营和8团2营）部队受到三处火力的夹击，伤亡很大，此时舰炮和飞机对岸上进行了支援。同时2团决定二梯队营（1营）进入红2滩，师决定以师二梯队一个营（3营）进入红3滩，此时潮水仍很低，3营不得不在码头顶端前面下船，这里虽有码头掩护，但仍遭受严重损失。

到1400时美军情况危急，大部分LVT被摧毁，由于潮水不够高，登陆艇仍无法驶过礁盘，上岛的1500人处于日军火力之下，进退两难。红1滩的部队在西部组织防御，红2滩的部队坚守一个189m宽正面阵地，他们向团报告说："情况不妙，我们需要援助。"红3滩的部队坚守在正面230m纵深90m的阵地上。陆战二师师长1530时向军长请求投入军预备队，并说"成败尚难预料"。

随着潮水的上涨，登陆艇可逐步向礁盘延伸，受卸载计划和潮水的影响。岛上部队急需的援兵、水和弹药无法上岛，而重装备和几日以后才需要的物资却开始上岛，所以登陆的滩头挤满了登陆艇，有100多艘艇在礁湖里转圈，部分师预备队在登陆艇上整整待了一夜。

到黄昏时，美军已上岛5000人，但伤亡1500人，在红2、红3滩控制了正面270~360m、纵深90m的一块登陆场，在红1滩控制了正面135m纵深450m的一个角。

夜间，美军十分担心日军的反击。但日军并没有组织大的反击，仅组织了个别渗透。因此，对战局没有起到影响作用。

D+1日，美军继续进攻。师预备8团1营在登陆艇上待了20h后于0615时在红1滩东端登陆，但遭到了利用夜暗掩护潜伏上礁盘，躲在被毁的美军坦克、登陆艇中日军的突然打击，美军无所防备伤亡严重。总计亡110人，伤234人，相当于D日在红2、红3滩登陆时，2、3营伤亡的总数。

中午时高潮位到来，美军开始扭转被动局面，军预备队6团1营在绿滩实施登陆，6团2营占领拜里基岛，架设了火炮，支援贝希欧岛上的作战。美军的两个登陆场已有所扩大，日军防御体系已被分割，1600 时陆 2 团团长报告"我们正在取得胜利"。当天晚上上岛美军仍害怕日军反击，但反击还是没有出现。

D+2 日清晨，岛上日军向上报告："我们武器已被摧毁，从现在起我们每人准备作最后的一战。"这一天日军仍在拼命地抵抗，但除了几个坚固的支撑点，美军已占领了岛上大部分地区。当夜日军组织了三次大的反击，但都被美军击退。

D+3 日，陆战 6 团 3 营接替了 6 团 1 营，1300 时扫清了岛东端的日军，6 团 1 营攻打了红 1 滩背后的日军，消灭了防空洞中大量日军。当日午后不久占领了贝希欧全岛。

五、夺占其他岛屿

美军在攻占贝希欧岛的同时，为了保障在贝希欧岛登陆美军的安全，防止日军逃脱和在塔拉瓦修建第二个机场，陆战 6 团 2 营和陆战 10 团的一个炮兵分队，对塔拉瓦的其他几个岛屿也进行了登陆占领。

11 月 21 日，陆战 6 团 2 营登陆拜里基岛。岛上驻有日军 15 人，在美军巡洋舰炮击时，炮弹击中油筒而爆炸，全部人员死亡。因此，2 营登陆未遭抵抗。

11 月 24 日登陆埃塔岛，岛上有抛弃的油筒、炸弹，但无日军。

11 月 26 日午后登陆塔里太岛，夜间登陆布阿里基岛，岛上有日军 160 人，27 日 0700 时 2 营组织进攻并占领该岛。

登陆阿贝马马岛。阿贝马马岛在塔拉瓦岛东南 75 海里，该岛有 25 名日军驻守。美军使用"舡鱼"号潜艇，载运 68 名两栖侦察人员和 10 名工兵，在距离岛 2700m 的海面，换乘 6 艘马达橡皮艇，在潜艇火炮的支援下登陆。岛上日军有 14 名被潜艇炮火击毙，其余自杀，美军两栖仅死亡 1 人。至此，美军完全占领了塔拉瓦环礁。

第四节　塔拉瓦登陆战役作战环境分析的剖析

一、对珊瑚岛礁进攻作战的问题

（一）进攻样式和登陆样式

珊瑚岛礁的特点之一是散布广。登陆作战可以采取逐岛进攻、越岛进攻和同时进攻等几种样式。美军在吉尔贝特群岛对塔拉瓦和马京岛，在马绍尔群岛对罗伊-纳木尔和夸贾林岛都是采取了同时进攻的样式。对夸贾林环礁中的各个岛礁的夺取，又采取了先夺小岛后夺主岛，逐岛进攻的样式。而对马绍尔群岛各岛的进攻，采取了越岛进攻的样式。这个特点，可使组织登陆的一方充分发挥掌握主动权的长处，使抗登陆一方增加组织防御的困难。

珊瑚岛礁的另一个特点是远离陆岸。美军在吉尔贝特群岛和马绍尔群岛登陆时登陆兵航渡几千海里。在珊瑚岛礁登陆，只能使用小登陆艇、两栖车辆、玻璃钢舢舨、气垫船等上陆工具来超越礁盘障碍。这些工具续航能力弱和耐波能力差。因此，一般采用"由舰到岸"的登陆样式。美军在吉尔贝特群岛和马绍尔群岛作战中还采用了两次换乘的办法，这是一个复杂的过程，给登陆作战的组织、指挥带来很大的困难。

（二）登陆地段的选择

在珊瑚岛礁选择登陆地段，除了遵照选择登陆地段的一般原则，特别要注意上陆地段的自然条件。一般地讲，登陆有利的地段是礁盘纵深短浅的礁湖内和下风方向，这种地段克服障碍程时间短，浪小。美军在布塔里塔里岛登陆的黄滩是礁湖内侧，红滩是岛西侧的下风方向。在贝希欧岛登陆时，红滩在礁湖内侧，绿滩在岛西侧的下风方向。在罗伊-纳木尔岛登陆时，红、绿滩都在礁湖内侧。在夸贾林登陆时，红、绿滩均在岛西侧的下风方向。日军在岛礁上的设防，恰恰把主要防御方向放在岛礁对外海这一边，而且永备工事的射界，只能向海上射击，这是美军先头登陆艇波损失较小的一个重要原因。在礁湖内侧登陆，通过礁湖航道要有强大的火力支援。图5-2所示为美军登陆地段示意图，由图可知，美军从潟湖内测登陆，避开风疾浪高区域，但编波泛水的组织会比较困难一些。

（三）登陆时间的选择

在珊瑚岛礁实施中等以上规模（营以上）登陆作战，选择登陆时间要重视能见度和潮汐因素。例如，美军第七师侦察队夜间在侦察夸贾林岛南部的宁尼岛时，乘坐橡皮船在驱逐舰的雷达导航下向小岛接近，结果还是错登了盖赫岛。在贝希欧岛登陆作战中，第一、二、三波履带车上陆后，第四、五波登陆艇不能直接上陆，就是因为没有利用好潮汐。此外，还要考虑登陆部队上岛后，陆上作战发展的需要。因此，一般都选择在上午0800~1000时为第一波的上陆时间。例如美军登陆马京岛的H时计划为0830时，登陆贝希欧岛的H

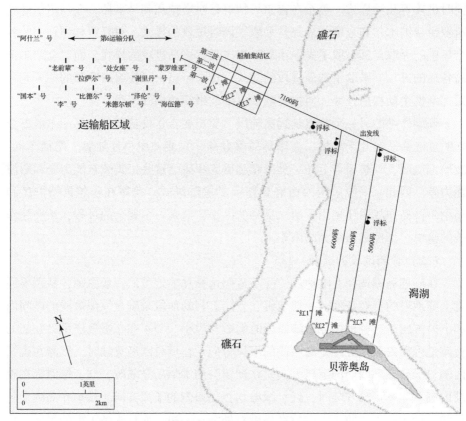

图 5-2 登陆地段的选择

时计划在 0830 时，登陆罗伊-纳木尔的 H 时计划在 1000 时，登陆夸贾林岛的 H 时计划在 0930 时。连以下分队，实施偷袭性质的登陆，也可在夜间实施。

（四）上陆工具的选择

登陆舰艇抵滩登陆，受海滩坡度、底质、拍岸浪、潮流等因素影响。珊瑚岛礁的礁盘上，珊瑚丛生，坡度小，高潮时水深只有 1~2m，但礁缘陡峭，礁盘边缘卷浪较高。因此，一般的登陆艇，除大高潮短时间可以登陆外，其余时间都不能登陆。美军在登陆吉尔贝特群岛和马绍尔群岛时有 LGT、LGM、LGL、LGVP 等多种登陆艇，其中只有 8t 重的 LVCVP，比较容易越过礁盘障碍，而且驾驶简单，对轻武器有一定的防御能力，但受风浪影响大。从现代装备着眼，气垫登陆艇比较有利，但水陆履带车、水陆坦克还是珊瑚岛礁上陆的良好工具。

（五）火力准备和火力支援

火力准备和火力支援是保证登陆兵顺利上陆、夺取登陆胜利的重要保障。美军在贝希欧岛登陆作战中，进行了强大的火力准备，但还是遭受了重大伤亡。他们总结这次作战经验教训时指出了此次作战的 5 个错误，其中两条就是舰炮和航空兵火力准备不长、不猛、不准。在马绍尔群岛登陆作战中，美军对火力准备采取了 4 项措施：一是加强舰炮、航空火力准备的强度；二是缩短舰炮射击的距离，战列舰的射击距离缩短到只有十几链；三是使用火箭艇、改装支援艇等加强近距离滩头火力准备；四是夺取外围岛屿，架设炮兵支援作战。战后证明，这 4 项措施对夺取马绍尔群岛作战胜利发挥了重大作用。

（六）登陆兵上陆战斗

珊瑚岛礁面积窄小，进攻一方无论有多么强大的兵力，在进攻正面能使用的兵力都有限。因此，在珊瑚岛礁登陆作战中，要注意以下几点：一是登陆兵上陆后，在巩固阵地的基础上采取连续冲击的方法，打破敌人防御，解决正面狭窄与兵力优势的矛盾。二是及早组织坦克上岛，充分发挥坦克在低平地势上的威力。三是三军协同，要贯彻登陆作战的全过程。在这方面美军有许多教训，值得我们借鉴。

（七）珊瑚岛礁登陆作战要搞好后勤保障

珊瑚岛礁不能自给，离岸远，补给比较困难。美军勤务大队，利用礁瑚进行海上补给，效果较好。

二、珊瑚岛礁抗登陆防御作战的两个问题

（一）珊瑚岛礁抗登陆防御作战的指导思想

珊瑚岛礁面积小、海拔低、地势平坦、无高地山垒可以依托，守备兵力有限，机动回旋余地小，难以纵深梯次配置，岛上自给能力差，物资储备有限，战时消耗大。因此，要取得抗登陆防御作战的完全胜利，离不开海上和空中的及时支援。粉碎敌人登陆企图的最好办法是把敌人歼灭在海上。日军吉尔贝特群岛和马绍尔群岛防御作战的失败，得不到海空力量的配合和支援是重要的原因。此外，要充分利用珊瑚岛礁具有礁盘天然障碍的有利因素，精心设防。在岛屿间隔距离较近的情况下，要充分利用这一有利条件，在岛屿之间形成交叉火力，相互支援，给上陆之敌以重大杀伤。这对于防御一方赢得时间、争取主动，为海上歼敌创造条件是非常重要的。

从第二次世界大战中国、日本、美国在太平洋岛屿的争夺情况看，保卫海洋岛屿大体有三种情况：一是以海空作战为主，保障岛屿安全；二是海空作战与岛屿抗击相结合；三是以岛屿抗击为主。

(二) 关于岛屿防御

(1) 岛屿设防原则。珊瑚岛礁设防包括岛群设防和各岛设防。

珊瑚岛岛礁多、分散广、攻防双方都将争夺主要岛屿。吉尔贝特群岛和马绍尔群岛共有大小环礁 48 个，但美军与日军双方在争夺这两个群岛时，真正展开激烈战斗的只有 5 个岛屿。因此，防御一方面要贯彻重点设防、重点守备的原则，集中主要兵力、兵器，扼守重点岛屿，以点制面。同时，又要在面上形成防御体系，做到以点制面，点面结合，扼守主要防御方向，把主岛附近的小岛建设成为防守主岛的前哨阵地，或用主岛火力加以控制，构成既有重点，又能相互支援的防御体系，以免被敌利用。

(2) 岛屿设防的内容。岛屿设防要贯彻火力、工事、障碍三结合。

火力是防御的骨干，是杀伤敌登陆兵的主要手段。贝希欧岛登陆中，美军共有 125 辆 LVT，操纵这些车辆的人员共 500 人。在这次登陆作战中，共计损失 LVT90 辆，损失率为 70%，充分说明火力在防御中的作用。

坚固的工事是抗登陆作战的重要保障。珊瑚岛礁要抗住登陆一方猛烈的火力准备，保存兵力，杀伤敌登陆兵，只有依托坚固工事。美军在贝希欧岛登陆前，从 11 月 13 日开始每天平均在岛上投弹 100t，D 日舰炮火力准备发射炮弹 3000t，投掷航空炸弹 1000t，岛上日军依托工事仍顽强抵抗 4 天，杀伤美军 3000 多人。坚固的工事设施是固守的重要条件。

设置多样的障碍是增强防御稳定的重要措施。日军在贝希欧岛的礁盘上用混凝土三角堆、珊瑚石组成障碍地带，迫使美军上陆工具驶入炮火密集区，发挥了很好的作用。如果在岛礁周围设一定密度的水雷，对登陆兵必将构成严重的威胁。日军在埃尼威托克礁湖内布设了少量水雷，虽然未对美军登陆构成重大威胁，但也推迟了美军发动攻击的时间。

岛屿设防中，特别要注意采取多种手段保障指挥通信的不间断。美军在贝希欧岛上陆的第一天处境不好，如果日军组织强有力的反冲击，有可能将美军赶下海。但由于日军只靠有线通信，在线路被毁的情况下，无法集中指挥和组织反击，只能各自为战，错过了有利战机，造成抗登陆作战的失败。

(3) 岛屿抗登陆作战的战法。岛屿抗登陆作战的战法可用三句话概括：

"发扬各种火炮威力,拦敌于近岸海域;依托前沿工事,结合雷障阵地,歼敌于礁盘;适时收缩兵力,扼守核心工事,消耗敌人固守待援。"这种战法,充分利用了礁盘障碍,考虑了登陆之敌换乘时比较混乱,以及岛小、敌人上岛后没有回旋余地等特点。

(4)关于输送支援兵力的问题。珊瑚岛礁由于面积小兵力少,战时及时输送增援兵力十分重要,输送增援兵力的时机有以下三种:

第一,当获悉敌有窜犯征候时,对于设防比较薄弱或防御工事坚固、火力较强,但人员较少的岛屿,预先输送部分兵力上岛,加强岛上防御力量。这种情况下的输送,敌情威胁较少,上岛时可以利用港岸设施直接卸载,组织指挥比较简单,但需要可靠的情报保障。输送工具可主要使用登陆舰艇。

第二,在敌实施预先火力准备后,对战斗损失较大的岛屿,根据需要进行紧急支援。这种支援输送,敌情威胁大,及时性要求高,组织指挥复杂,港湾设施可能遭敌破坏,舰艇无法直接靠港岸设施卸载,重装备上岛困难。输送工具一是直升机,二是战斗舰艇,但输送坦克、火炮等装备仍要使用登陆舰艇。

第三,当敌我正在岛上进行争夺或敌已夺取我某些岛屿时,进行反登陆,这种情况组织指挥更为复杂,必须有强有力的航空兵和舰艇实施支援、掩护。在输送支援兵力时要注意利用低能见度航渡,认真查明敌情,尽力避免与敌海上纠缠,组织海空掩护,与守岛部队取得联系,互通情报。

参 考 文 献

[1] 全军军事术语管理委员会,军事科学院. 中国人民解放军军语 [M]. 北京:军事科学出版社,2011.
[2] 刘晓静,等. 海军作战环境学 [M]. 北京:解放军出版社,2009.
[3] 刘晓静,等. 两栖作战环境研究 [M]. 北京:解放军出版社,2014.
[4] 刘晓静,等. 海军陆战地形学 [M]. 北京:海潮出版社,2014.
[5] 陈松辉,等. 珊瑚岛礁两栖夺控战术 [M]. 北京:军事科学出版社,2015.
[6] 高光辉,等. 登陆作战研究 [M]. 北京:海潮出版社,2001.
[7] 刘景阳,等. 工程兵作战工程保障地形分析 [M]. 北京:解放军出版社,2006.
[8] 王永红. 海岸动力地貌学 [M]. 北京:科学出版社,2012.
[9] 陈岛,等. 敌情分析·方法与案例 [M]. 北京:海潮出版社,2015.
[10] 刘晓静,等. 海岸带战场环境研究 [M]. 北京:解放军出版社,2013.
[11] 刘晓煌,张露,孙兴丽,等. 现代军事地质理论与应用 [M]. 北京:科学出版社,2018.
[12] 刘东艳,韩秋影. 潮间带调查方法与实践 [M]. 北京:科学出版社,2016.
[13] 夏东兴,边淑华,丰爱平,等. 海岸带地貌学 [M]. 北京:海洋出版社,2014.
[14] 中国科学院创新发展研究中心,中国海洋领域技术预见研究组. 中国海洋领域2035技术预见 [M]. 北京:科学出版社,2020.
[15] 陈超,王文珂,王怀晖,等. 一种海底地形与底质的三维融合可视化方法 [J]. 系统仿真学报,2012,24 (9):1936-1939,1944.
[16] 宋国大,唐俊,刘报春,等. 海底坡度对登陆可行性的三维可视化评估方法 [J]. 测绘科学,2013,38 (6):94-95,102.
[17] 张立华,朱庆,刘雁春. 基于动态水位的涉水距离和深度计算方法 [J]. 测绘科学,2008,33 (2):62-63.
[18] 李志光,等. 军事地理学教程 [M]. 北京:解放军出版社,2003.
[19] 丁宝泉,等. 中国海洋军事地理 [M]. 沈阳:白山出版社,2000.
[20] 萧鸿鸣,萧南溪,萧江. 金门战役纪事本末 [M]. 北京:中国青年出版社,2016.
[21] 张为华,汤国建,文援兰,等. 战场环境概论 [M]. 北京:科学出版社,2013.
[22] 美国海军环境信息应用委员会,美国国家研究理事会. 美国海军作战环境信息保障 [M]. 李茂林,王继光,潘高峰,等译. 北京:海洋出版社,2016.

[23] 乔忠伟,汤中良. 陆军合成营战斗 [M]. 北京:军事科学出版社,2014.

[24] 白多宁. 军事地形学训战实用词典 [M]. 北京:国防大学出版社,2010.

[25] 邬伦,等. 地理信息系统实用教程 [M]. 北京:北京大学出版社,2000.

[26] 李文学,等. 部队测绘勤务 [M]. 北京:解放军出版社,1999.

[27] 赵忠明,周天颖,严泰来,等. 空间信息技术原理及其应用 [M]. 北京:科学出版社,2013.

[28] 德里克·赖特,霍华德·杰拉德. 塔拉瓦1943:局势的逆转 [M]. 潘峰,译. 北京:海洋出版社,2015.

[29] 王洪光. 绝战:追思金门战役地图册 [M]. 南京:江苏教育出版社,2011.

[30] 陈新民,徐国成,罗峰. 岛屿作战研究 [M]. 北京:军事科学出版社,2002.

[31] 汪庆广. 岛屿登陆战斗 [M]. 北京:军事科学出版社,2001.

[32] 杨世幸,等. 登陆作战概论 [M]. 北京:海潮出版社,2002.

[33] 池亚军,薛兴林. 战场环境与信息化战争 [M]. 北京:国防大学出版社,2011.